O BLACKBERRY
MÁGICO

DAVID THOMPSON

O BLACKBERRY MÁGICO

Tradução
Eduardo Rieche

best.
business

CIP-BRASIL. CATALOGAÇÃO-NA-FONTE
SINDICATO NACIONAL DOS EDITORES DE LIVROS, RJ

Thompson, David
T389b   O blackberry mágico / David Thompson ; tradução:
Eduardo Rieche. - Rio de Janeiro: Best Business, 2011.

Tradução de: The magic blackberry
ISBN 978-85-7684-514-0

1. Liderança. 2. Profissões - Desenvolvimento. I. Título.

11-4248.   CDD: 658.4092
                                            CDU: 005.322:316.46

Texto revisado segundo o novo Acordo Ortográfico da Língua Portuguesa.

Título original inglês
THE MAGIC BLACKBERRY
Copyright © 2010 by David Thompson
Copyright da tradução © 2011 by Editora Best Seller Ltda.

Publicado mediante acordo com Marshall Cavendish International.

A marca "BlackBerry®" é propriedade da Research in Motion Limited.
Está registrada nos Estados Unidos, e pode estar registrada ou pendente de
registro em outros países. A editora não é apoiada, financiada, associada
nem tampouco credenciada pela Research in Motion Limited.

Capa: Igor Campos
Editoração eletrônica: Ilustrarte Design e Produção Editorial

Todos os direitos reservados. Proibida a reprodução, no todo ou em parte,
sem autorização prévia por escrito da editora, sejam quais forem os meios empregados.

Direitos exclusivos de publicação em língua portuguesa para o Brasil adquiridos pela
EDITORA BEST BUSINESS um selo da EDITORA BEST SELLER LTDA.
Rua Argentina, 171, parte, São Cristóvão
Rio de Janeiro, RJ – 20921-380
que se reserva a propriedade literária desta tradução

Impresso no Brasil

ISBN 978-85-7684-514-0

Seja um leitor preferencial Record.
Cadastre-se e receba informações sobre nossos
lançamentos e nossas promoções.

Atendimento e venda direta ao leitor
mdireto@record.com.br ou (21) 2585-2002

Para Neil, que me deu oportunidades que estimularam minha imaginação. Estimo o apoio e a amizade.

1

Jack Logan era um homem comum. Isso não significa que não fosse um homem bom — certamente era. Mas nada de especial havia nele. Quer dizer, até sua vida mudar de forma bastante abrupta.

Jack havia seguido obedientemente o caminho padrão: casamento, filhos, carreira e nada muito além disso. Como a maior parte das outras pessoas que conhecia, agarrava-se com unhas e dentes à fase produtiva de sua carreira, com a grande esperança de que talvez algum dia, apenas talvez, conseguisse quitar sua hipoteca e finalmente ter algum tempo para si mesmo. Em momentos de reflexão, gostava de avançar uma década e meia no futuro e pensar no quanto lhe custaria para que seus dois filhos, Daniel e Patrick, chegassem à universi-

8 O BLACKBERRY MÁGICO

dade. Deixando a mente vagar até alguns anos à frente, ele pensava em ajudá-los a escalar o primeiro degrau da propriedade privada, a se casar e a descansar. Geralmente, era nesse ponto, quando o medo da eterna prisão financeira começava a fluir para sua pressão sanguínea-prá-lá-de-alterada, que ele faria como o quadro mágico: balançava a cabeça e apagava a imagem da mente. Ele não conseguia nem pensar nisso.

É por esta razão que *comum* não bastava para descrevê-lo. Mas Jack era comum, e, aos 37 anos, mais da metade dos quais dedicados à carreira, ele sabia que estava bem acomodado nos caminhos que escolheu. No fundo, sabia que tais caminhos nunca renderiam muito dinheiro.

Um dia, quase por acaso, apareceu uma oportunidade tão incomum quanto extraordinária, a ponto de ele não conseguir acreditar na própria sorte. Ele simplesmente nunca havia imaginado que precisaria ter fé, e muita.

Era o fim de um dia bastante atarefado.

Poucos anos atrás, os fins de semana significavam o descanso dos dias úteis. Atualmente, no entanto, com o crescimento da internet, o aparecimento das companhias aéreas de baixo custo e o sentimento de que o mundo estava se tornando uma "aldeia global", Jack descobriu que todos os dias passaram a ser dias cada vez mais atarefados. Como resultado, ele ficava esgotado no fim do dia. Hoje não seria exceção.

Como chefe de operações da Soar, Jack tinha dias produtivos e dinâmicos, embora essas não fossem sempre as palavras que ele usasse para descrevê-los. Ele estava na companhia desde o início das atividades, há alguns anos anos, disputando o mercado com outras companhias aéreas de baixo custo

10 O BLACKBERRY MÁGICO

que surgiram mais ou menos na mesma época. A Soar, no entanto, era diferente. Ela oferecia serviços a pessoas que procuravam voos com preços razoáveis, mas que não queriam se sentir como se estivessem sendo transportadas como frangos criados em confinamento. Ao contrário, a Soar apresentava "a alternativa da pessoa inteligente". Evidentemente, as aeronaves eram as mesmas que as de qualquer outra companhia aérea, mas as cabines, projetadas por um moderno designer de interiores, eram anunciadas com grande alarde pelo setor de relações-públicas, dando à aeronave um aspecto mais estiloso e sofisticado. Comidas e bebidas estavam à venda da mesma forma que em outras companhias, mas a Soar se valia de fatores intangíveis para se diferenciar — centrados, em grande parte, na experiência do cliente. Com comissários de bordo vestidos de preto da cabeça aos pés, assentos de couro branco com detalhes em prata e a presença de um "mixologista" de coquetéis em cada voo, a Soar continuava atraindo a atenção da mídia, agregando a essa nova companhia aérea o tipo de exposição que o dinheiro simplesmente não conseguiria comprar — e isso em tempo recorde. Como resultado, assegurou rapidamente uma reputação estelar, uma saudável parcela de mercado e uma base crescente de consumidores fiéis, motivos pelos quais despertava inveja nas concorrentes.

As ostensivas "novidades" da Soar faziam com que ela se diferenciasse das outras competidoras nos tumultuados espaços aéreos, e certamente atraíam a atenção da mídia global, apesar de serem, também, campeãs em prejuízos. Cabia a Jack, como chefe de operações, encontrar meios de segurar os custos em *baixa*, de modo a manter as aparências da Soar em *alta*. Em um mercado que, por natureza, era atento à receita, reduzir custos era um desafio que deixava Jack muito mais vulnerável ao estresse e à frustração do que o usual.

No entanto esse era apenas o aspecto financeiro da manutenção das operações da companhia aérea. Além disso, as responsabilidades sobre os procedimentos de check-in e a equipe, o controle de bagagens e os agentes de serviços ao cliente eram atribuições de Jack. Seus dias de trabalho se passavam em um mundo onde todo e qualquer segundo importava, e

12 O BLACKBERRY MÁGICO

a cada dia havia a chance de um desastre: enfermidades entre os membros da equipe que poderiam afetar a velocidade do check-in, controladores de bagagem acidentados que poderiam atrasar o carregamento do avião, falhas no abastecimento de comida por parte dos fornecedores externos e passageiros atrasados ao portão de embarque. Tudo isso poderia afetar a decolagem de todos os voos, todos os dias. E, para cada minuto além do horário designado para as decolagens, havia penalidades — e algumas bastante pesadas. Não era apenas o balancete da companhia aérea que sofria o impacto: eram também os bônus recebidos por Jack em função do desempenho.

A cada minuto que se passava após o horário das decolagens, Jack via os bônus encolherem bem diante de seus olhos. Para ele, o resultado final de viver sob essa constante pressão era passar uma grande parte de seus dias sob estado de tensão nervosa.

Nesses dias de celular, pouco papel — e, certamente, no caso dos pilotos e tripulantes —, sem mesa de trabalho ou escritório, o BlackBerry* se tornou um dispositivo fundamental na vida profissional de qualquer executivo atarefado. A noção de trabalho virtual poderia ter sido inventada pela indústria da aviação: quase todas as pessoas que realmente fizeram a diferença para a experiência do cliente foram as que estavam nas linhas de frente — os agentes de check-in, a tripulação e os controladores de bagagem. Mas essas também eram as pessoas que não tinham escritório nem mesa de trabalho — eram as mais difíceis de se comunicar de forma

---

* A marca "BlackBerry®" é propriedade da Research in Motion Limited e está registrada nos Estados Unidos, e pode estar registrada ou pendente de registro em outros países. A editora não é apoiada, financiada, associada nem tampouco credenciada pela Research in Motion Limited.

14 O BLACKBERRY MÁGICO

constante. Jason King, o empreendedor e diretor-executivo da Soar, foi um dos poucos a reconhecer que estas eram as pessoas que precisavam ser alcançadas pela comunicação em primeira mão.

Então, em um gesto incomum e dispendioso — e bastante incongruente com a habitual fixação em gerenciamento de custos —, o diretor tomou a decisão de conceder um BlackBerry a cada um dos colaboradores da Soar. Antes de tudo, tratava-se de um setor do mercado, e, de novo, rendia um destaque significativo na mídia para a empresa, particularmente no noticiário de negócios. Entretanto, apesar de produzir um resultado satisfatório, não era isso que o motivava.

Para Jason, o gesto sublinhava a sua crença de que o negócio tinha mais a ver com pessoas do que com viagens. E ele queria se certificar de que todo o seu pessoal — não apenas aqueles que detinham cargos de gerência — estava "por dentro".

Secretamente, o empreendedor também sabia que era uma forma de fazer as pessoas se sentirem especiais, já que o BlackBerry ainda era visto por muitos como um símbolo de status. Acima de qualquer outra coisa, no entanto, Jason queria assegurar que todos os pertencentes à família Soar estivessem conectados. *A conexão traz compromisso,* dizia com frequência. Na verdade, ele repetia a frase com tanta frequência que acabou virando seu mantra.

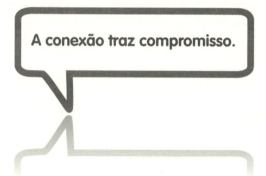

Porém, para sua surpresa, esta boa intenção não foi tão positivamente recebida. Quando o ambicioso diretor-executivo reuniu a maior parte possível da equipe da empresa e explicou a nova abordagem de comunicação, o gesto foi inicialmente visto com uma mistura de indignação e uma bela dose da desconfiança. Algumas pessoas haviam lido histórias terríveis na mídia sobre o uso viciante dos BlackBerrys e estavam temerosas de que elas também fossem engolidas pelo fenômeno da comunicação 24 horas por dia, 7 dias por semana. Outras estavam preocupadas em ter de ficar "de sobreaviso" mesmo em horários fora do expediente. Foi preciso que Jason — ele próprio, um dos primeiros adeptos do BlackBerry e usuário do dispositivo há alguns anos — se dirigisse à sua angustiada tropa e a instruísse sobre como ele conseguira evitar o vício do BlackBerry para que a ansiedade da equipe fosse controlada. Seu firme conselho de "se você precisa de um tempo para descansar, desligue-o" era simples, mas produziu um impacto significativo: houve acenos de cabeça em sinal de assentimento e murmúrios de "isso faz sentido", e, a partir daí, o BlackBerry se tornou essencial no modo como este diverso e heterogêneo grupo se comunicava entre si.

— Ei, Jack, alguns camaradas vão tomar uma cerveja antes de voltar para casa, está a fim de ir com a gente?

Os membros do grupo manifestaram entusiasmo, e antes que Jack soubesse o que estava acontecendo, já atravessava o saguão do aeroporto com seus colegas de trabalho até o A Fistful of Tacos, um bar e restaurante mexicano próximo dos portões de embarque, e ponto de encontro favorito de trabalhadores do aeroporto nas horas de folga.

Apesar de prometer a si mesmo e aos seus colegas que tomaria "apenas uma" antes de voltar para casa, ele e o pequeno grupo — alguns ainda de uniforme — logo estariam entornando a quarta Budweiser. A cerveja e o tex mex pareciam ser o antídoto perfeito para a longa jornada de trabalho de

Jack, e após sua falsa resistência inicial, ele espantou o estresse do dia com mais cervejas, mais nachos, e mais palitinhos de mussarela.

Mal sabia ele que a noite de diversão com sua equipe de trabalho seria o início de uma cadeia de acontecimentos que mudariam para sempre a sua vida.

— Amor, você viu meu celular e meu BlackBerry?

Atrasado para o trabalho, Jack pedia ajuda à esposa, enquanto corria de um lado para o outro na sala de estar, levantando todos os objetos com os quais se deparava: jornais, almofadas, guias de TV e brinquedos das crianças, em um esforço para encontrar suas duas cordas de salvação. Atualmente, como a maior parte das pessoas, ele não conseguia mais funcionar sem essas duas bugigangas essenciais. Anna gritou do quarto, onde estava dando o último abraço em Daniel e Patrick antes de prepará-los para ir à escola.
— Desculpe, querido, não mexi em nada. Onde esteve com eles pela última vez?

Jack revirou os olhos. — Me ajudou muito, obrigado — resmungou, em voz baixa.

Após uma infrutífera busca que transformou sua sala de estar em um cenário de crime, ele se deu por vencido e se dirigiu à saída, despedindo-se de Anna e dos meninos antes de bater forte a porta e sair.

Durante o percurso até o trabalho, Jack tentou refazer em sua mente os passos da noite anterior, reduzindo as possibilidades de localização dos dispositivos desaparecidos ao restaurante ou ao seu escritório, talvez ele tivesse se esquecido de levá-los ao fim do dia?

Jack sabia que o escritório era o local menos provável, já que, certamente, nunca ia a lugar algum sem o celular. Uma verificação em sua mesa e nas gavetas confirmou suas suspeitas. Ele devia tê-los levado, então, quando saiu para beber com os amigos do trabalho. Isso deixava apenas uma opção: o restaurante.

Ele esperou até o restaurante abrir e saiu em disparada pelo saguão do aeroporto. Jack revirou o lugar no qual o grupo se sentou, mas não conseguiu encontrar o celular nem o BlackBerry em lugar algum.

— Sei que não é isso o que gostaria de ouvir, cara — disse-lhe, simpaticamente, o gerente do restaurante — mas tivemos um grande número de bolsas e pastas roubadas na última noite. Parece que você também foi premiado, aparentemente todos eles desapareceram na área do bar.

Jack tentou se lembrar. Ele havia passado algum tempo sentado no bar com seus colegas nos primeiros momentos da noite, e talvez tivesse colocado o celular e o BlackBerry sobre o balcão enquanto conversavam. Estava tão envolvido na conversa quando se mudaram para o lugar reservado que deve ter se esquecido de pegá-los quando se levantou.

Retornando ao escritório da Soar, Jack refletiu sobre as possibilidades. Ele poderia substituir o celular facilmente por meio do seguro, mas o BlackBerry pertencia à empresa...

— **Ah, Jack,** você está brincando, não está? Acabamos de lhe conceder um upgrade!

Sandy, a gerente de RH, não estava contente. E ninguém tem a intenção de desapontar um profissional de RH — eles são o tipo de pessoa que você quer manter ao lado.

— Eu sei, Sandy, me desculpe, saí com amigos para beber depois do trabalho ontem à noite e parece que alguém estava fazendo a limpa por lá, algumas bolsas também foram roubadas, pelo menos foi isso que o gerente me disse.

Sandy deixou escapar um suspiro de clemência. — Ok. Bem, imagino que não seja culpa sua. Mas como você sabe, acabamos de passar por um ciclo de upgrade, e não podemos justificar a compra de um novo aparelho fora deste trato. Essas coisas são caras.

— Mas eu preciso de um, não funciono sem ele! — Interrompeu Jack, com um quê de desespero em sua voz.

Embora estivesse a par da escala de voos daquele dia, ele não podia suportar ficar fora do circuito — apenas algumas horas após o ocorrido, e já estava começando a se sentir em crise de abstinência.

— Claro que sim! Eu sei disso, Jack, só estou dizendo que talvez você não consiga um modelo tão recente para substituí-lo, só isso. Espere um instante.

Houve um silêncio na linha por alguns segundos, e ele pôde ouvir o revirar de papéis, sugerindo que Sandy estava ocupada, procurando por algo. Mais um tempinho depois, ela retornou à linha.

— Ah, sim, eis aqui, foi o que pensei.

— O quê?

— Bem, você sabe que o Duncan MacDonald acabou de sair da empresa para trabalhar em uma companhia recém-inaugurada? Eu tinha certeza de ter visto o antigo BlackBerry dele por aqui em algum lugar. Por alguma razão, foi um custo fazê-lo se desvencilhar do aparelho. Estranho... ele sabia que ganharia um novinho em folha quando começasse a trabalhar na nova empresa, então não consegui entender por que queria tanto esse aparelho velho. Não parecia saudável a atração pelo aparelho, na verdade — disse Sandy, pensativa. — Muito estranho. De qualquer maneira, posso lhe entregar esse modelo antigo do Duncan por enquanto, Jack. Pelo menos isso garantirá que você possa retornar ao circuito de comunicação a partir de já.

— Ótimo, Sandy, muito obrigado. — Pelo seu tom de voz, ficou claro que Jack estava ao mesmo tempo aliviado e agradecido.

— De nada, e seja mais cuidadoso dessa vez! — ela acrescentou.

— Vou cuidar dele como da minha própria vida — ele prometeu.

Jack não se deu conta disso na época, mas essas palavras foram mais proféticas do que ele poderia imaginar.

O restante do dia foi bem calmo. Nenhum membro da equipe ficou doente, os voos de Orlando, Washington, Los Angeles e Las Vegas partiram todos sem problema algum, e o relatório de despacho de bagagens mostrou que não houve nenhuma bagagem extraviada nos voos diários que cruzavam o país. Maravilha! Com o último voo da tarde decolando no horário, a equipe de check-in acertou os últimos preparativos para os passageiros do dia seguinte, e Jack deu breves instruções aos controladores de bagagem sobre algumas novas restrições de peso que logo seriam implementadas.

Ele estava acabando de conversar com Migo, um dos mais aplicados controladores de bagagem, que sempre evitava conversas pessoais depois de concluídos os relatórios, quando ouviu o sinal de seu BlackBerry vibrando sobre a pilha de papéis em sua mesa. Era incomum receber e-mails àquela hora do dia — a maior parte das atividades de comunicação acontecia durante os horários de voos. Curioso, ele pegou o BlackBerry e desceu a tela até localizar o novo e-mail. Conforme o lia, a expressão de seu rosto ia dizendo tudo. O ritmo organizado daquele dia "sem problemas" havia chegado abruptamente a um ponto final.

Jack quase não podia acreditar no que estava lendo. Era um e-mail de Jason.

Jase
14 de janeiro de 2010 10:00

Oi, Jack

Soube que tivemos um ótimo dia hoje, alcançamos todas as metas de nossas decolagens na hora exata, bom trabalho!

Tive uma reunião com a diretoria ontem, e preciso avisá-lo que vamos fazer uma reestruturação fundamental da estratégia para o próximo ano, incluindo o aumento de nossas ofertas de comida e bebida a bordo e o lançamento de uma classe livre de crianças, em uma nova cabine à prova de som, para aqueles passageiros que não querem gritaria por perto, interrompendo o trabalho ou o cochilo. Sei que você não vai gostar, mas a principal consequência disso é que vamos precisar reformular bastante o orçamento que você elaborou para os próximos três anos. Desculpe-me, rapaz, mas temos que fazer isso para nos manter na liderança! Comece a pensar nisso, e eu o manterei atualizado amanhã.

Abçs, Jase.

Opções **Voltar**

Jack mal podia respirar. Ele sentia o coração batendo dentro do peito. Estas *não* eram boas notícias.

Nos últimos dois meses, Jack trabalhou com Jason para construir um modelo extremamente complexo de folha de cálculo para a previsão orçamentária com objetivo de melhorar os serviços nas aeronaves. Eles haviam se baseado na estratégia que a Soar já havia elaborado para os próximos três anos, e, até onde Jack sabia, mudanças estavam fora de cogitação. Ele trabalhou diariamente e se concentrou apenas nisso — na verdade, a tarefa o havia consumido. Mudar a estratégia agora, aparentemente de maneira arbitrária, significava jogar no lixo o trabalho que ele havia se esforçado em fazer nos últimos dois meses, e começar de novo. Do rascunho.

Jack releu o e-mail. Ele estava irritado, muito irritado. Jason tinha alguma ideia do quanto demoraria elaborar um novo orçamento para fundamentar esta nova estratégia de negócios? Ele tinha alguma noção de como foi trabalhoso preparar o orçamento já *existente*? Jack não conseguia nem ao menos compreender quanto tempo e esforço essa gigantesca tarefa iria lhe exigir. E ainda havia o sofrimento de ter que começar tudo de novo. *O que a diretoria estava pensando? Eles não podem ficar mudando de ideia no último minuto desse jeito. Não podem!,* ele pensou consigo mesmo. Ele estava furioso. Muito furioso.

Isso é ridículo, ele deixou escapar em voz baixa, enquanto selecionava as opções em seu BlackBerry e escolhia "Responder".

— Sei que não vai gostar? — *Ele não tem ideia,* pensou Jack, colocando seus polegares sobre o pequeno teclado.

Em um canto sossegado do setor de bagagens, Jack começou a digitar sua resposta. As palavras iam aparecendo lentamente na tela e ele podia percebê-las através de sua visão periférica. Concentrado no teclado, as pequenas teclas absorviam raiva e frustração. Seus polegares lutavam para manter o mesmo ritmo dos pensamentos, do texto que estava passando por sua cabeça. Era como se ele estivesse desabafando com Jason, expressando como se sentia, com uma paixão e ferocidade que nunca ousaria usar se estivesse falando com ele pessoalmente. Era uma espécie de terapia eletrônica.

Pronto, acabou. Sem nem pensar novamente, e até mesmo sem usar o corretor ortográfico, Jack tocou a tela do seu

BlackBerry com o polegar direito para visualizar o menu e selecionar o "Enviar" no segundo clique. Ele suspirou profundamente. Clicou. Feito. Enviado.

O e-mail estava repleto de erros de ortografia. Mas isso não foi o pior, nem de longe. O confuso e emocional e-mail era áspero, rude e irritadiço. Não deixava de ser irônico que Jack houvesse frequentado um seminário sobre como gerenciar comportamentos impróprios no ambiente de trabalho cerca de duas semanas atrás, pois o e-mail recém-enviado poderia ter sido usado como um estudo de caso. Era certamente inadequado e atendia a quase todos os quesitos do que não se deve fazer. O departamento de RH perderia as estribeiras se tivesse sido copiado.

Mas nesse exato momento, nada disso ocorreu a Jack. Mesmo se houvesse ocorrido, ele não teria dado muita importância, de qualquer forma.

Jack colocou o BlackBerry de volta em sua capa de couro, juntou seus papéis e atravessou o terminal, de volta ao escritório executivo da Soar.

Ao chegar ao seu escritório, Jack

colocou sua pilha de papéis sobre a mesa e se jogou em sua confortável cadeira giratória de couro. Com um suspiro, pegou o BlackBerry, descartou as correspondências e procurou pela resposta de Jason — nada.

A resposta que Jack redigira a Jason tinha um ícone de um pequenino relógio ao seu lado, indicando que estava na fila de envio. Isso parecia estranho. Ele *tinha* clicado em "Enviar", e a recepção do sinal era perfeita em todo o aeroporto. Talvez esse BlackBerry que Sandy lhe dera como substituto estivesse com defeito? Mas se fosse o caso, por que Duncan havia resistido tanto a entregá-lo? Não fazia o menor sentido.

Então, Jack percebeu que um pequeno emoticon aparecera no canto superior direito do BlackBerry. Ele tinha certeza de que não o havia visto antes. A pequena e redonda carinha amarela estava pulando furiosamente para cima e para baixo no canto da tela, como se quisesse chamar a atenção para si mesma. Curioso, e com um pouco de cautela, Jack tocou a tela sobre o pequeno emoticon, e imediatamente, toda a tela escureceu, como se tivesse desligado sozinha.

Ele chacoalhou gentilmente o BlackBerry e murmurou para si mesmo. *O que está acontecendo com essa coisa?*

Naquele exato momento, a tela começou a dar sinais de vida à medida que um pequeno pontinho amarelo apareceu no centro, parecendo estar a uma distância infinita. Em uma fração de segundo, ele acelerou na direção de Jack, surgiu no centro da tela, e então quicou exageradamente, até que finalmente se acalmou, preenchendo toda a tela. Jack observou incrédulo quando o emoticon começou a apresentar uma série de caras, como se estivesse se espreguiçando até que sua "cara" se ajustasse às dimensões da tela, da mesma forma que Jack fazia depois de um longo e reconfortante sono.

— Ah, assim está melhor!

34   O BLACKBERRY MÁGICO

Os olhos de Jack se abriram surpresos, e ele largou o Black-Berry na mesa à sua frente, completamente apavorado. Quase não conseguia acreditar no que tinha ouvido.

Inseguro, pegou novamente o aparelho e virou-o ao contrário para examinar o lado de trás, como se estivesse procurando por alguma coisa.

Ele escutou a voz novamente.

— Ei, me vire ao contrário. Ei, ei, tenho medo de altura, cara, você se importa?

Com os olhos arregalados e bastante apreensivo, Jack fez o que ele pediu e virou o BlackBerry ao contrário.

A carinha amarela estava radiante, exibindo um sorriso largo e cheio de dentes. Ela deu uma piscadela abusada para Jack.

— E aí, rapaz?

Jack ficou sem fala. Sua boca abria e fechava, como um peixe procurando ar. O que diabos estava acontecendo? O BlackBerry estava conversando com ele! Como poderia ser? Não era possível. Simplesmente, não era possível.

Isso não pode estar acontecendo, ele murmurou, em voz baixa.

Ainda assim, não importava o quanto Jack o negasse, a maior evidência estava exatamente ali, diante de seus olhos.

O seu BlackBerry tinha uma cara.

O seu BlackBerry tinha uma voz.

E estava falando com ele.

Jack olhou fixamente para a tela. — O que está acontecendo? Quem é você? *O que* é você? — ele gaguejou, finalmente.

— Sou o seu BlackBerry, cara — veio a convencida e óbvia resposta. O alto-falante em viva-voz dava uma qualidade metálica àquele som.

Jack estendeu o braço com o BlackBerry na mão, como se, de alguma forma, quisesse se proteger. "Não pode ser. Isso não é possível".

O emoticon que preenchia a tela permitiu-se discordar. — Sim, sim, que diabo! Caramba, isso acontece a toda hora. — O BlackBerry — ou melhor, o emoticon — revirou os olhos como se quisesse dizer, *lá vamos nós outra vez*.

— Ok, cara, acalme-se e vamos começar do começo. Número um, você não está sonhando. Número dois, *é* o seu BlackBerry falando. E número três, estou aqui porque você me chamou.

36 O BLACKBERRY MÁGICO

— Nossa — Jack interrompeu. — Só um instante, o que você quer dizer com eu *chamei* você?

— Já ouviu falar em Aladim, certo? — perguntou o BlackBerry, com um tom ligeiramente arrogante. — Bem, é mais ou menos a mesma coisa, só que na versão do século XXI. Não há tapetes voadores ou lâmpadas para esfregar, mas você me chamou de qualquer maneira.

— Hein? Não entendo. Como fiz isso?

— Aquele e-mail que você acabou de enviar? Foi isso que me despertou. Eu estava dormindo aqui por um bom tempo. Seu colega Duncan não me utilizou nos últimos dias, aquele sim, com certeza aprendia rápido. Ainda assim, é legal saber que ele não queria me abandonar. De qualquer modo, vendo alguns dos e-mails que você enviou — cara, estou surpreso por eu ter conseguido dormir por tanto tempo!

— Espere aí, você está me dizendo que acordou por causa de um *e-mail* que eu enviei? — Jack parecia estar cada vez mais confuso a cada uma das perguntas. — Não entendo.

— Ok, vamos direto ao ponto: sabe aquele último e-mail que você enviou? — o emoticon desdenhou, balançando a cabeça. — Nem pensar, um grande erro! Emocional. Impróprio. Prejudicial. Você enviou no calor do momento, e isso é sempre um mau negócio. Vai prejudicar sua relação com Jason, e fará com que você pareça imaturo e arrogante.

Jack franziu a sobrancelha. — Como você sabe o que estava escrito no e-mail?

O BlackBerry deu uma sonora gargalhada. — Dãã! Acorde, Jack, acorde! Como você acha que sei o que estava escrito no e-mail? Sei o que está escrito em *todos* os seus e-mails. Eu os enviei!

Jack sorriu ao perceber o lado engraçado da coisa. — Ok, certo, é claro que você sabe — ele disse. Ele ainda não havia compreendido muito bem esta conversa um tanto surreal.

— Então, o que você está dizendo é que você é uma espécie de consciência dos meus e-mails? — disse Jack, incrédulo. — Você leu todos eles, e um deles fez com que você despertasse?

Jack olhou para a tela, a cara do BlackBerry tinha subitamente se tornado verde claro e se enchera de rugas. — Ah, você aprende rápido, meu pequeno Jedi — gracejou a velha carinha com jeito de Yoda, com um sorriso imperial e um

38 O BLACKBERRY MÁGICO

aceno de cabeça. Rapidamente, retomou sua carinha amarela familiar. — Acertou, pequeno Jacky, exatamente.

Preocupado, Jack recusou-se a acreditar. Ele era dono de um BlackBerry falante. Um BlackBerry que era uma versão moderna de um gênio para o Aladim/Jack — despertado por sua própria ação para corrigir os seus erros? *Pode ser excessivo*, ele pensou, *mas é deliciosamente intrigante.*

— E agora?

— Bem, grande parte dos seus e-mails está muito perto do limite, e não consigo mais ficar apenas sentado assistindo. Você precisa de alguma orientação sobre como ser um pouco mais, como posso dizer, profissional e apropriado em sua abordagem. Você precisa parar de se autossabotar, cara.

Por um momento, Jack não estava seguro se deveria ficar ofendido com o último comentário do BlackBerry. Ele achou melhor não ficar. — O quê? Você agora vai ser o meu treinador em e-mails?

— Claro que sim, mas ser um profissional não é apenas saber enviar e-mails. Nos dias de hoje, o e-mail parece ter substituído métodos de comunicação mais tradicionais e mais importantes, como uma velha e boa conversa cara a cara. As relações, a cumplicidade e a reputação assumiram uma posição secundária no trabalho, fazendo com que as interações fiquem concentradas no teclado e na tela. A maioria das pessoas não diria metade do que é capaz de digitar em um e-mail se tivesse de dizê-lo pessoalmente a alguém. Um pouco como o que você acabou de fazer. Mas o e-mail é só o começo, meu amigo".

Jack estava cauteloso. — O começo de quê?

— Vamos chegar lá — o BlackBerry fez uma pequena pausa.— Agora, tudo bem para você essa coisa do 'BlackBerry falante'? — perguntou ele maliciosamente.

Jack pensou um pouco. O BlackBerry estava lhe dando orientações sobre carreira. Isso era surreal demais para tentar compreender. Ao mesmo tempo, ele não podia negar o que estava acontecendo bem diante de seus olhos, por mais inacreditável que fosse.

Jack sorriu. — Sim, não é que eu não consiga acreditar, mas, acho que sim — ele disse, nervoso.

— Ah, que bom. Então vamos começar!

Jack segurou o BlackBerry e se

concentrou na tela. Ele ainda estava impressionado com a descoberta. Não havia apenas um BlackBerry que pensava por si próprio, mas um que podia falar, e que agora começaria a lhe apontar os erros de comportamento. Apesar de tudo isso parecer completamente bizarro, Jack continuava intrigado para descobrir exatamente o que o BlackBerry estava escondendo na manga. Se ele tivesse manga, quer dizer.

— Ok, vamos começar — anunciou o BlackBerry, sua voz ecoando através do alto-falante. — Comecemos pelo começo, vamos voltar ao e-mail que você acabou de enviar ao Jason — dito isso, a carinha do BlackBerry minimizou-se no canto da tela e assumiu sua forma original como o emoticon redondo e amarelo que Jack havia reconhecido inicialmente. Ela se mexeu ansiosamente no canto da tela, e o e-mail que Jack enviara a Jason reapareceu na tela.

— Aqui está, exibição A — disse o BlackBerry, em uma voz entrecortada e formal. Jack reparou que o emoticon estava vestindo uma peruca branca de juiz, e podia perceber um par de óculos em formato de lua logo acima de seu pequeno nariz.

— Você gosta de se fantasiar, não gosta? — perguntou Jack, com um sorriso.

— Ei, cara, nada de errado com um pouco de teatro de vez em quando! — respondeu o emoticon, sorrindo. — Então, sr. Logan, por favor exponha à corte a situação relativa a esta ocorrência.

Jack riu. — O quê?

O emoticon do BlackBerry vibrou rapidamente e, em um segundo, a peruca e os óculos haviam desaparecido.

— Tudo bem, vamos simplificar. Para os iniciantes — o emoticon deu uma piscadela atrevida para Jack. — Me fale sobre esse e-mail. Qual era o contexto?

Jack pensou por um momento.

— Bem, para encurtar a história, alguns meses atrás Jason e eu concordamos que eu elaboraria o orçamento para os próximos três anos, a ser aprovado pela diretoria quando estivesse concluído. É uma tarefa dificílima, quase um trabalho em tempo integral e com dedicação exclusiva, e passei meses trabalhando até tarde na maioria das noites apenas para prepará-lo, ao mesmo tempo em que fazia malabarismos para conciliar com o trabalho diário. Hoje, sem mais nem menos, recebi um e-mail do Jason, dizendo que a diretoria quer jogar no lixo a estratégia sobre a qual trabalhamos, pois apareceram novas ideias nas quais eles pretendem investir. Isso significa que todo o meu exaustivo trabalho prévio desapareceu, e vou ter de começar a rascunhar tudo novamente. Parece que todos os meus esforços foram desperdiçados e não foram reconhecidos. Não me sinto feliz com isso.

— Tudo bem, isso será útil. Agora, deixe-me perguntar algumas coisas.

— Claro, pode dizer.

— Ok, vamos começar do começo. Qual é a sua função na Soar?

— Bem, é cuidar do setor operacional do negócio, certificar-me de que atendemos todas as nossas obrigações, desde oferecer aos passageiros uma boa experiência no guichê de check-in, até assegurar que os aviões decolem no horário.

— Certo, e isso também inclui colocar em prática quaisquer melhorias nessa experiência?

— Claro. Aonde você quer chegar?

— Espere aí, cara, vamos chegar lá em um segundo. Então é possível dizer que você é o cara que transforma os sonhos e as metas da diretoria em realidade?

Jack hesitou e pensou por um segundo. — Bem, nunca pensei nisso dessa forma, mas acho que poderia dizer isso, sim.

— Ok, bom. E por que você acha que eles mudaram de ideia em relação à estratégia original?

Antes que Jack pudesse responder, o BlackBerry continuou. — Você acha que a pauta daquela longa reunião de diretoria foi "o que pode ser feito para aborrecer o Jack Logan?"

Jack riu. — Não, claro que não!

— Então, você acha que eles acordaram hoje de manhã e pensaram "ei, pessoal, vamos destruir nossa estratégia e começar de novo", só por diversão, sem nenhuma razão específica?

Jack começou a parecer um pouco constrangido. — Não, duvido muito.

— É claro que não! A mudança nos rumos da companhia não é algo que tenha sido pensado de modo arbitrário, eles refletiram muito sobre esse assunto. Estão fazendo isso porque sabem que é a coisa certa para a companhia, para garantir o seu futuro no mercado.

O emoticon fez uma pequena pausa e olhou fixamente para Jack.

— Eles provavelmente nem consideraram a quantidade de trabalho exigida por essa decisão. Se é isso que vai manter a Soar competitiva e parecer atraente aos clientes, então eles não têm escolha. É muito simples: é o que eles *têm* de fazer.

Agora, o emoticon havia arrumado um enorme chapéu Stetson, um bigode escuro, e mastigava ruidosamente. Ele parou e olhou ameaçadoramente para Jack, seus olhos ligeiramente visíveis sob a aba do gigantesco chapéu. — Um homem tem de fazer o que um homem tem de fazer — disse ele, com um sotaque familiar a um filme de cowboy de John Wayne.

Com uma rápida vibração, os acessórios de cowboy desapareceram. O BlackBerry continuou. — A outra coisa é essa: ficar chateado com o fato da diretoria mudar de ideia não vai prejudicar ninguém, a não ser você mesmo. Eles querem colaboradores que possam tornar suas metas uma realidade, e não um obstáculo. Eles querem gente que faça, e não gente que ache tudo impossível. Você está cometendo um suicídio profissional ao se tornar tão fixado no que você faz, meu amigo.

Jack deu um pulo para se defender, demonstrando sua agitação. — Mas eu me importo com o meu trabalho!

— Claro que sim, cara, e isso é ótimo. Essa é a *coisa certa a fazer*. Mas há uma grande diferença entre se importar com o que você faz e ficar tão envolvido e emaranhado nisso a ponto de ter a visão encoberta e a lógica perturbada. Receio que foi

46 O BLACKBERRY MÁGICO

isso que aconteceu, você perdeu a noção do que é importante — a do *por que* você faz o que faz.

Jack compreendeu o que o BlackBerry dizia, apesar da dolorosa mensagem. Ele investiu sangue, suor e lágrimas para ajustar aqueles orçamentos. Começar de novo seria, literalmente, dilacerante. — Então, o que *é* importante?

— Sabe, a matéria-prima dos negócios não são as folhas de cálculo e a contabilização de estratégias e de prejuízos e lucros. É muito mais básico do que isso, Jack, muito mais pessoal. Os negócios têm a ver com pessoas.

Jack estava frustrado. — O que você quer dizer com "têm a ver com pessoas"? É claro que têm a ver com pessoas. Os clientes, a minha equipe, o nosso negócio é totalmente focado em pessoas. Sei disso. A impaciência de Jack estava evidente.

— Pode me dar um segundo? Caramba! — o emoticon revirou seus olhos. — O que une os negócios, e as carreiras, a propósito, são relacionamento. Relacionamentos bons, flexíveis, respeitosos, aberto e honestos, pura e simplesmente. Relacionamentos lhe dão um grande poder: o poder de fazer as coisas, o poder de quebrar as regras, o poder de se expressar. Seu relacionamento com Jason é, portanto, crucial.

> **O que une os negócios — e as carreiras — são os relacionamentos. O poder de fazer as coisas, o poder de quebrar as regras, o poder de se expressar.**

— Dãã! Sim, acho que consigo perceber isso! — disse Jack, em um tom quase arrogante.

— Ah, consegue? Bem, eu não pensaria assim lendo o e-mail que você queria enviar! Vou dizer mais, posso enviar agora a última bomba que você escreveu e ver o que acontece? Você conseguiria avaliar a força do seu relacionamento dessa forma, hein? — atiçou o BlackBerry.

A tela mudou para a caixa de entrada de e-mails, e surgiram em destaque as palavras "Confirmar envio?"

Jack entrou em pânico. — Não, espere! Não envie, por favor. Eu estava irritado. Fico feliz que você tenha segurado o e-mail e tenha me dado uma segunda chance. Por favor! — ele implorou.

O BlackBerry fechou a tela de e-mails, e o emoticon ocupou o centro mais uma vez.

— Você teria prejudicado irreparavelmente seu relacionamento com Jason se eu tivesse enviado o e-mail para você. A diferença entre você e o Jason é que ele percebe o panorama geral — e mantém isso em foco. Ele sabe que os planos precisam ser alterados, para o bem da empresa. E se isso significa que algumas pessoas têm de mudar de rumo, ou, talvez, replanejar o trabalho ou os orçamentos ao longo do processo — então, que assim seja. A julgar pelo tom do e-mail de Jason, ele aceita as mudanças, convive com elas e precisa de pessoas ao seu redor que tenham a mesma postura. Isso não significa que *goste* delas.

Jason entende que isso envolverá trabalho extra, mas o compromisso é com o projeto — e ele precisa do mesmo nível de apoio e compromisso de seu pessoal. Ele não quer ouvir reclamações e contestações. Ele quer pessoas ao seu lado que prestem ajuda, que consigam olhar para o panorama geral e que compreendam que esta é a melhor abordagem para construir um negócio sólido. Agora, em qual dos lados *você* quer ser visto?

— O último, obviamente. Quero ser visto como alguém que apoia as metas da companhia e é valorizado por isso.

— Certo. E se você tivesse enviado aquele e-mail dizendo o quanto estava descontente e aborrecido pelo fato de a diretoria ter mudado os planos e o quanto isso iria gerar mais trabalho para você, de que lado acha que Jason te colocaria?

— Do outro, o lado dos indisciplinados.

— Exatamente. Se Jason tivesse lido este e-mail, ele teria te colocado do lado dos indisciplinados, ele te perceberia como alguém não comprometido, que está preocupado com os detalhes em sua vida *particular* no trabalho, em vez de estar focado no panorama geral. Na busca pelo panorama geral, ele quer as pessoas ao lado dele, e não contra ele.

— Entendo. Estou tão contente agora por não ter enviado esse e-mail! — disse Jack, com uma voz claramente aliviada.

— Perdão? *Quem* não enviou o e-mail?

Jack sorriu. — Desculpe! *Você* não enviou o e-mail.

— Certo, obrigado — disse o emoticon, piscando para Jack. — Mas, sabe, passou raspando. Salvei a sua pele, cara, e agora que estou aqui, vou fazer com que você tenha certeza de que isso nunca mais irá acontecer!

Enquanto dirigia o seu 4x4 pela

estrada de volta para casa, Jack parecia que estava afastado por muito mais do que um único dia. A descoberta de que herdara um BlackBerry mágico de Duncan McDonald tinha levado aquele dia que seria previsível e comum para uma direção completamente inesperada e inacreditável.

Ele agora entendia por que Sandy teve tanta dificuldade de fazer com que Duncan devolvesse o BlackBerry quando pediu demissão. Apesar de ser um colaborador medíocre em seus primeiros dias na companhia, Duncan havia conseguido um rendimento incrível na Soar. Ele foi promovido rapidamente nos últimos anos e construiu uma boa reputação, a ponto de ter sido selecionado por um caça-talentos para uma nova

52 O BLACKBERRY MÁGICO

companhia aérea, e, se os boatos se mostrassem verdadeiros, pelo dobro do salário que recebia na Soar. Jack suspeitava que havia por um acaso descoberto o porquê. Com um treinador gerencial em seu bolso aonde quer que fosse, dando feedback e inspirando-o em cada movimento e em cada e-mail, não era de surpreender que Duncan tivesse se saído tão bem. Agora que havia herdado a arma secreta de Duncan, Jack esperava que também pudesse reproduzir aquele sucesso.

Enquanto a maior parte das pessoas ficaria apavorada com um BlackBerry falante, o chefe de operações foi perspicaz o bastante para reconhecer ali uma oportunidade. Talvez esse pequeno dispositivo mágico fosse o seu passaporte para uma grande fase. *Uma coisa é certa*, ele disse para si mesmo, *ele não abandonaria esse bebezinho no balcão de um restaurante tex mex. Não, senhor.*

No dia seguinte, ao chegar ao trabalho, Jack estava diferente. Sentia-se confiante. Não se sentia sob tanta pressão. Apesar de ser o novo proprietário do BlackBerry mágico por menos de 24 horas, o simples fato desta descoberta lhe dava uma silenciosa autoconfiança de que o futuro seria melhor. Agora que ele entendia o que potencializou a abrupta escalada de Duncan na hierarquia corporativa, Jack tinha certeza de que havia adquirido um talismã da sorte muito especial, embora mais avançado tecnologicamente do que um pé de coelho.

Outra coisa era certa: ele estava disposto a passar pelo treinamento educacional que viria pela frente. Na última noite, depois de seu encontro inicial com o BlackBerry, começou a compreender que o envolvimento emocional com o trabalho permeava a resposta inadequada que por muito pouco não foi enviada para Jason. Ele estremeceu ao pensar sobre o prejuízo irreparável ao relacionamento com Jason se o BlackBerry mágico não houvesse intervindo. Ele compreendia isso agora, mas não tinha certeza de que conseguiria deixar de se envolver tanto com as coisas no futuro, repetindo o mesmo erro.

O BlackBerry sugeriu que depois de cuidar das maiores responsabilidades do dia, Jack deveria encontrar um lugar silencioso, e com um único clique, invocar seu gênio moderno para a primeira lição.

Ele mal podia esperar.

13

Enfim, Jack conseguiu alguns momentos de sossego. A manhã havia sido turbulenta, mas depois de despedir-se do voo para Chicago, que demorou a decolar porque um passageiro que fazia compras não chegou ao portão na hora, Jack finalmente abriu um espaço na agenda.

Ele escapou do setor de passageiros da Soar no terminal e correu para o escritório na suíte executiva. Ao fechar a porta de vidro atrás de si — o que raramente fazia, querendo dizer aos seus colegas do imenso e espaçoso escritório que não gostaria de ser interrompido —, logo se desfez da montanha de papéis que estava em suas mãos, se ajeitou em sua ampla cadeira giratória de couro, e clicou no emoticon redondo e amarelo no display do BlackBerry para despertar o "treinador".

A tela escureceu por um segundo antes que o emoticon a preenchesse completamente mais uma vez. Jack sorriu. Ele estava satisfeito em vê-lo, e, no fundo, também secretamente aliviado por saber que o que acontecera no dia anterior não havia sido fruto de sua imaginação. Considerando a descoberta de que possuía um BlackBerry falante, isso não seria tão improvável assim.

O emoticon abriu a boca em um grande bocejo. — Ahhh, bem melhor! Ei, pequeno Jack, como você está? — disse o BlackBerry, parecendo satisfeito ao ver seu novo aluno. — Parece que você fez um excelente trabalho essa manhã, mas aquele voo para Chicago passou quase raspando, né?

— Hein? Como você sabe disso?

— O quê? Você acha que ando por aí de olhos e ouvidos fechados? — respondeu o BlackBerry, imitando um chefão mafioso. — Eu ouço tudo. E dei uma olhada nos seus e-mails esta manhã, sabe, só para monitorar as coisas.

— Atrevido! — exclamou Jack. — Não sabia que você também conseguia ouvir tudo!

— Bem, agora você sabe, meu amigo! É preciso participar para ganhar. Não estou aqui a passeio, e você também não deveria estar! É bom constatar que você não cometeu nenhuma gafe monstruosa, nem disparou mais nenhum daqueles seus e-mails que limitam sua carreira! — o emoticon piscou para Jack.

— Nós nos conhecemos ontem, me dê algum crédito, pode ser? — Jack estava um tanto chateado pelo fato do BlackBerry confiar tão pouco nele.

— Lembre-se apenas que li um número suficiente de e-mails seus para saber que manter a calma, controlar a língua e preservar seus relacionamentos não fazem parte da sua lista de qualidades, meu amigo.

Jack não conseguia argumentar contra isso; ele sabia que, por mais que tentasse, realmente ficava tão envolvido com o trabalho que levava as coisas para o lado pessoal, e como resultado, ficava muito aborrecido quando alguém tentava interferir, desafiá-lo ou alterar alguma coisa em relação à qual já se havia chegado a um acordo. No fundo, ele sabia que era algo inerente ao trabalho em qualquer organização, mas não conseguia fugir disso. E já que ele também não gostava do confronto, particularmente o do tipo cara a cara, escondia-se atrás da palavra escrita e dis-

58 O BLACKBERRY MÁGICO

parava e-mails espinhosos e emocionais, em vez de amadurecer os argumentos e conversar com aquela pessoa. Os e-mails eram muito propícios para que as coisas fossem feitas daquele modo. Propícios demais, na verdade. Ele sabia que já havia prejudicado o relacionamento com as pessoas com aquele tipo de abordagem. Ele sabia que estava sabotando sua carreira com cada uma daquelas furiosas mensagens, mas não sabia como parar.

Ele se sentia quase como um viciado querendo abandonar o vício. Nesse estágio, aceitaria qualquer ajuda que aparecesse.

— Bem, acho que é um comentário justo. De alguma forma, queria que você tivesse aparecido antes. Sei que faz um tempo que isso está acontecendo. Tenho certeza de que causei algum estrago com o meu hábito de enviar e-mails extremamente emocionais no calor do momento.

Parecia terapêutico falar sobre isso. Jack nunca havia discutido o assunto com ninguém. Na verdade, não havia tido a coragem para admitir, até para *si mesmo*, que isso era um problema real. Mas era. Era a razão pela qual ele estava progredindo tão lentamente na carreira, sem mencionar o fato de que, como se deixava contrariar pelo dia de trabalho e ficava completamente dominado por ele, voltava para casa todas as noites estressado, mal-humorado e irritado ao encontro de Anna e dos meninos — para os meninos, ele estava se tornando "papai rabugento", em vez do "papai divertido" que tanto queria ser.

— Você é passivo-agressivo, meu amigo, é isso que você é!

— Isso não parece... bom? — respondeu Jack, sem ter muita certeza do que aquele termo queria dizer.

— É um mecanismo de defesa, só isso, parcialmente subconsciente, então talvez você não perceba que o utilize algumas vezes. É a maneira pela qual você evita discutir sentimentos de frustração com alguém para se esquivar de uma situação de confronto. Ao contrário, você se esconde atrás de e-mails agressivos que fazem você sentir que lidou com a situação. Mas, na verdade, criticar severamente os outros desta forma geralmente faz com que a situação piore.

— Como assim?

— Bem, ao longo do tempo, se o comportamento seguir este mesmo padrão, as pessoas começarão a formar uma opinião a seu respeito, frequentemente te classificarão como defensivo, emocional e difícil. Suponho que essa não seja a maneira pela qual você gostaria que o Jason, ou qualquer pessoa, afinal, te visse, né? — perguntou o BlackBerry.

— Não, de forma alguma — Jack tinha certeza disso. — Você acha que é realmente disso que se trata?

— Bem, as pistas estão aí. Vamos voltar ao último e-mail do Jason, por exemplo — com isso, o emoticon abriu espaço para a mensagem enviada a Jack no dia anterior. Uma parte do texto estava marcada com tinta verde fluorescente para destacá-la do resto.

— Observe as palavras que ele usa. Ele diz: *sei que você não vai gostar, mas temos que fazer isso para nos manter na liderança* — o BlackBerry fez uma pequena pausa para que Jack pudesse ler por si mesmo.

— Veja, a linguagem de Jason sugere que ele antecipa a sua desaprovação da mudança de planos, então ele justifica por que a decisão foi tomada, porque a Soar precisa ficar à frente da concorrência. A mensagem dele é bastante séria, você precisará replanejar o orçamento, mas o tom geral do e-mail é altamente conciliatório, sugerindo que ele quer minimizar o quociente emocional da mensagem, apresentando-a da forma mais branda e informal possível. Chamar você de "rapaz" também é uma tentativa de tê-lo como amigo em vez de um empregado, que, no fim, é pago para realizar um trabalho. Acima de tudo, o e-mail que ele te enviou sugere que, ao mesmo tempo em que está comprometido com o que a companhia espera dele, mostra-se cauteloso com a sua reação no tocante ao pedido de ajuda, então ele está tentando convencê-lo da forma mais tranquila possível.

O BlackBerry fez uma pausa, dando a Jack um momento para absorver tudo aquilo que ele apresentou. Ele estava ciente de que essa era provavelmente a primeira vez que Jack havia recebido uma "autópsia" de sua relação com Jason, ou, na verdade, com qualquer um de seus colegas de trabalho, a maior parte dos quais, sem que Jack soubesse, o avaliava mais ou menos do mesmo jeito. Mas o BlackBerry sabia que, como um primeiro passo, era vital que Jack reconhecesse como era percebido pelos outros, se pretendia realmente mudar para melhor.

— Nossa! — Jack estava surpreso. — Você consegue ver isso tudo em *um* e-mail?

— Está tudo lá, preto no branco. Considere que li todos os e-mails anteriores, mas essa não é a primeira vez que você redigiu um e-mail desse tipo, existe um padrão recorrente. É como se as pessoas estivessem pisando em ovos ao seu redor, Jack. Elas sabem o que precisam te dizer, mas quando se comunicam com você, pensam muito sobre como farão isso, porque elas têm medo da sua possível reação.

Jack se arriou na cadeira. Quais eram as palavras que o BlackBerry usou para descrevê-lo? *Passivo-agressivo, defensivo, emocional, difícil.* Jack estava arrasado e impressionado por saber que esta era a visão de seus colegas a seu respeito. Ele refletiu sobre as revelações do BlackBerry.

O BlackBerry lhe deu alguns minutos. Ele percebeu que suas conclusões atingiram Jack profundamente. Pode ter sido algo brutal, mas era verdade. E ambos sabiam disso. Algum tempo depois, Jack voltou cautelosamente ao jogo.

— Ok, então como faço para consertar isso?

— Achei que não ia perguntar isso nunca! — respondeu o BlackBerry, caloroso.

—Ok, então considere a cena.

Você ouve aquele *ping*, sente a vibração em seu bolso. Você sabe que recebeu um e-mail. Você abre rapidamente o e-mail cheio de expectativas... somente para ler algo que realmente te deixa alterado. Ou melhor, que realmente te deixa maluco. Já aconteceu isso? — perguntou o BlackBerry, com a voz exigindo de Jack uma resposta óbvia.

— Claro, o tempo todo.

— Então, o que você faz em seguida?

— Respondo? — disse Jack, com uma nítida hesitação.

— Na hora?

— Sim, claro, por que não? — Jack estava ficando ainda mais hesitante à medida que o BlackBerry continuava fazen-

64 O BLACKBERRY MÁGICO

do perguntas. A linha de questionamento do BlackBerry fazia lembrar uma professora que Jack teve no colégio, que fazia perguntas aparentemente inocentes, mas que, a cada resposta, o imprensava contra a parede sem que ele percebesse.

O emoticon coçou o queixo amarelo e redondo e olhou diretamente para Jack, levantando uma sobrancelha com um ar suspeito e zombeteiro. — Hummm — ele disse — e por que você faria isso?

Antes que Jack pudesse responder, o BlackBerry havia, de uma forma já esperada, respondido sua própria pergunta.

— Vou dizer por que, Jack. Porque, meu amigo, como muitos outros, você se tornou uma vítima das próprias circunstâncias.

— O que você quer dizer?

— Vamos dar uma olhada nos últimos anos. Não faz tanto tempo assim que as pessoas se comunicavam no trabalho através da boa e velha comunicação pessoal ou por meio de cartas. Sabe, papel e tinta? — disse o BlackBerry, sarcasticamente, com sua voz metálica. — A maior parte das pessoas não tinha computadores em suas mesas, sem falar no acesso a e-mails. Nos dias de hoje, quando você quer se comunicar com alguém, há inúmeras opções disponíveis: você pode encontrar as pessoas, pode escrever um memorando, pode enviar um fax, pode ligar para a linha fixa ou o telefone celular, pode mandar um SMS, pode enviar um e-mail, pode usar o Skype, ou pode 'cutucá-las' em sites de relacionamento social. Daqui a pouco, a lista vai se tornar interminável. Deus sabe quantas formas de comunicação ainda surgirão no futuro! Mas não me entenda mal, sou quase que literalmente um fruto dessa revolução eletrônica — o BlackBerry desempenha um papel fundamental nesse novo mundo de comunicação. Portanto, sou a favor de todos esses progressos. Mas eu mesmo reconheço que, algumas vezes, pode ser um pouco demais.

Jack balançou a cabeça, concordando. Ele nunca havia parado para pensar nisso — essa variedade de opções de comunicação havia se multiplicado nos últimos anos, e antes de saber exatamente o que se passava, ele se tornara acessível 24 horas por dia, 7 dias na semana, sem nunca se sentir realmente "livre".

— À medida que essas opções foram aumentando, cresceu também a expectativa implícita de que as pessoas poderão entrar em contato umas com as outras imediatamente. A resposta imediata e instantânea tornou-se a norma, a expectativa básica. Tais elevadas expectativas de imediatismo fizeram maior pressão no sentido da concordância imediata, colocando-nos, sem percebermos, sob pressão adicional, o que acaba aumentando os já elevados níveis de estresse dentro do típico ambiente de trabalho. O resultado? Pessoas violentas como você, que se apressam em colocar os dedos sobre o teclado antes mesmo de colocar o cérebro, concentrado na tarefa e não no panorama geral, sem considerar nenhuma consequência possível ou o resultado final. Essa mentalidade de "vamos acabar logo com isso" levou a um fluxo de e-mails emocionais, inadequados e que limitam a carreira.

> **A resposta imediata e instantânea se tornou a norma, a expectativa básica. O resultado? Pessoas violentas, que se apressam em colocar os dedos sobre o teclado antes mesmo de colocar o cérebro.**

> Essa mentalidade de "vamos acabar logo com isso" levou a um fluxo de e-mails emocionais, inadequados e que limitam a carreira.

Jack sorriu e balançou a cabeça pensativamente. O BlackBerry acertara na mosca.

— Você está certo: estou sendo mais solicitado agora do que nunca, mais até do que cinco anos atrás. Eu estava começando a pensar que não conseguiria lidar com isso, que, de alguma maneira, estava me tornando ineficiente. Comecei a duvidar se eu realmente estava à altura do meu trabalho. Ufa! De certa forma, é um alívio ouvir isso! Não me admira que eu estivesse me sentindo dessa forma, quando se pode voltar atrás e observar o que está acontecendo. O fato é que isso cresceu dentro de mim tão gradualmente que não percebi.

68 O BLACKBERRY MÁGICO

— Claro, mas não use isso como uma desculpa para enviar esses e-mails às pessoas. A abordagem que você está adotando, Jack, deixando-se dominar pela pressão e disparando esses e-mails cheios de veneno, precisa acabar. Isso pode tirar sua carreira dos trilhos seriamente. Posso ajudá-lo, mas você *terá de lidar* com isso.

O tom do BlackBerry era nitidamente sério, e, além disso, o que ele estava dizendo era absolutamente correto. Era preciso consertar isso.

— Então, vamos consertar! — disse Jack, gritando excitadamente para a tela. O emoticon sorriu, estimulado pelo entusiasmo.

— Sabe, o que estou prestes a compartilhar vai abalar o seu mundo, se você fizer um uso consistente destas lições. Você vai se penitenciar quando ouvir, porque, lá no fundo, você já sabe a resposta.

— Você quer dizer que elas pertencem ao senso comum?

— Sim, mas como você sabe, nas lutas da vida, o uso do senso comum tende a ficar menos comum!

— É verdade! — riu Jack.

O emoticon desapareceu do campo de visão e a tela escureceu por um segundo.

— É um processo simples de seguir — disse a voz, ecoando através do pequeno alto-falante. Com isso, uma fileira de palavras rolou silenciosamente pela tela. Jack percebeu que um slideshow estava prestes a começar, e então se acomodou confortavelmente em sua grande cadeira de couro.

A tela mostrava apenas quatro palavras simples.

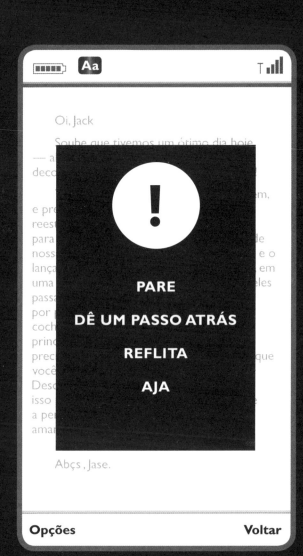

— É só isso? — perguntou Jack, incrédulo.

A vozinha respondeu com rapidez. — Não, Jack, não é só isso — disse o BlackBerry, com impaciência. — Mas essa é a base do modelo. Avisei que iria direto ao ponto. Estes simples passos vão fazer a diferença, e você mudará tanto a sua mentalidade quanto a sua forma de agir, de modo que possa administrar com mais autodomínio e profissionalismo suas reações a esses e-mails que o deixam transtornado.

Tranquilizado, Jack relaxou.

> **Mude tanto a sua mentalidade quanto a sua forma de agir, de modo que possa administrar com mais autodomínio e profissionalismo suas reações a esses e-mails que o deixam transtornado.**

— Ok, agora vamos dar uma olhada no modelo — agora, o emoticon assumira a aparência de um hippie dos anos 1960, com cabelos compridos, colete de lã, óculos escuros redondos iguais aos de Lennon, e uma única flor dependurada em sua mão. O emoticon pairou por um segundo no meio da tela para que Jack pudesse observá-lo atentamente, e então fez o sinal de "paz" com a outra mão. — Ei, rapaz, acalme-se, mantenha suas emoções sob controle, cara.

Jack riu. Ele quase não podia acreditar no que estava vendo. — O que você *está* fazendo? — perguntou, dando uma risadinha.

— Estou apenas entrando na personagem para ajudá-lo a entender. Está querendo me dizer que vai se esquecer que apresentei este primeiro estágio vestido como um hippie?

— Não! Bem pensado. Ok. Estou acompanhando. Vá em frente, meu amiguinho hippie!

— Legal, rapaz. A primeira etapa do processo de quatro estágios é bastante simples, pare! Ao receber um e-mail enfurecedor como aquele, você sabe que sua primeira reação é disparar uma resposta imediatamente. Um resposta áspera, emocional. É lógico que as respostas ásperas e emocionais têm a sua hora, mas raramente isso acontecerá no ambiente de trabalho. Muitas pessoas se desligam de suas "emoções" quando chegam ao trabalho. Elas guardam o lado emocional para a casa, e suspendem-no quando estão no modo "profissional" durante o trabalho. Como resultado, poucas pessoas recebem com bons olhos a expressão das emoções no trabalho, ou sabem como lidar com ela. Dito isto, compartilhar emoções pode ser um método extremamente poderoso de comunicação algumas vezes, mas essa ocasião nunca será por meio de um e-mail.

— Como assim? — perguntou Jack.

— Quando você está falando com alguém, a compreensão provém de três fontes de comunicação: as palavras que você usa, obviamente; a maneira com que você as expressa; e a linguagem corporal que as pessoas intuitiva e inconscientemente percebem.

Jack levou um instante para considerar o que tinha acabado de ouvir, e concluiu com um aceno de cabeça de que aquilo fazia sentido.

— As pessoas interpretam o significado do que você está dizendo a partir desses três pontos de referência. Por sua própria natureza, o uso do e-mail remove automaticamente a entonação de sua voz e os sinais da linguagem corporal, e portanto você se comunica somente por palavras. Entretanto, confiar apenas na palavra escrita para expressar seus pensamentos e suas emoções pode deixá-lo vulnerável a desentendimentos e a interpretações equivocadas. Guiadas apenas por palavras, as pessoas vão formar suas próprias opiniões e juízos do que você escreveu, o que pode diferir completamente do significado que você pretendeu transmitir. Isso é particularmente verdadeiro se você disparar uma resposta emocional por e-mail, já que a interpretação padrão das emoções no ambiente de trabalho usualmente pende para o lado negativo, não para o positivo.

— Nossa, causei uma verdadeira confusão! Deus sabe o quanto as pessoas estarão interpretando erroneamente os meus e-mails? E quem poderá culpá-las? Estou constrangido. Para ser honesto, estou irritado comigo mesmo por ter me colocado nesta posição. Fui tão idiota! — A explicação do BlackBerry era, de fato, uma revelação para Jack.

> **Confiar apenas na palavra escrita para expressar seus pensamentos e suas emoções pode deixá-lo vulnerável a desentendimentos e a interpretações equivocadas.**

— Ok, então o que posso fazer?

— Bem, nem tudo está perdido. É claro, você não pode se retratar pelos e-mails que enviou no passado, mas pode tirar uma lição dessa experiência e aprender com ela, o que está feito está feito. O que você pode fazer agora é certificar-se de que isso não vai acontecer novamente.

— E como faço isso?

— Bem, da próxima vez que você receber um e-mail que mexa com suas emoções, a primeira coisa a fazer é simplesmente parar. *Pare*. Leia-o novamente se achar necessário, apenas para se certificar de que você não entendeu errado. Então, ignore o impulso de responder imediatamente. Se você sentir o sangue ferver, feche o e-mail e retorne a ele mais tarde. Espere uma hora, um dia se for preciso. Reflita bastante. Sua mente meditará sobre o e-mail mesmo quando você não estiver pensando conscientemente nele. Mas, seja como for, não responda imediatamente! Dê um tempo!

— Entendo, porque quando voltar a ele, já terei me acalmado um pouco?

— Sim, exatamente. Veja, a primeira vez que você abrir o e-mail, suas emoções serão despertadas, você será pego de surpresa, e vai querer revidar imediatamente. É uma ação reflexa, uma evolução sofisticada da resposta de 'lutar ou fugir' que tem sido programada nos seres humanos desde o começo da civilização. Quando você abre aquele e-mail e se sente contrariado, a adrenalina dispara, e você se prepara imediatamente para se defender — e por isso a urgência em clicar aquele botão "Responder" instantaneamente.

— Entendi. E daí? Quero dizer, não posso adiar a resposta eternamente, tenho de voltar aos e-mails.

— Claro que não, e isso nos leva precisamente para o segundo estágio: retroceda. O emoticon desfez-se da fantasia de hippie, e voltou à sua forma familiar, redonda e amarela. — Por que isso seria parte desse processo? Por que seria importante? — perguntou o BlackBerry, evitando claramente dar uma colher de chá a seu novo aluno.

> Quando você abre aquele e-mail e se sente contrariado, a adrenalina dispara, e você se prepara imediatamente para se defender.

Jack refletiu por um instante. — Bem, eu daria um passo atrás para avaliar a situação, imagino, e considerar a maneira mais adequada de responder.

— Certo, dê esse passo para ganhar certa perspectiva. A chave aqui é ler o e-mail, suspender os próprios pensamentos ou pontos de vista sobre o conteúdo, e esquecer completamente a própria agenda, apenas por um instante. Ao contrário, leia o e-mail e certifique-se de que você entendeu perfeitamente a mensagem, e, o mais importante de tudo, as motivações do remetente. Então, faça algumas perguntas a si mesmo.

Jack fez anotações furiosamente, em uma tentativa de reter as perguntas que iam passando na tela, narradas pelo BlackBerry.

— Veja — continuou o BlackBerry. — Raramente as pessoas vão lhe enviar um e-mail com a simples intenção de aborrecê-lo. Geralmente, haverá uma razão muito boa para aquela solicitação ou ponto de vista. Se você conseguir voltar atrás, considerar a perspectiva do remetente, e procurar entender a sua origem, isso te ajudará a despersonalizar a mensagem, libertá-la da emoção, e elaborar uma resposta racional e equilibrada. Estas perguntas vão te auxiliar a ra-

Qual a origem desse e-mail? O que está orientando o argumento, a opinião ou a solicitação desta pessoa?

Sob que tipo de pressão ela deve estar submetida para atingir ou produzir algo?

O que está por trás de seu ponto de vista? Olhe além das palavras que estão na tela — adivinhe a sua perspectiva. Você sabe como está se sentindo, mas como ela pode estar se sentindo?

Opções   Voltar

ciocinar, enquanto dá um passo atrás e analisa sua resposta. Esse período de reflexão é crucial se você pretende modificar seu comportamento.

— Reflexão? Não tenho tempo de me sentar em estado zen e considerar o sentido oculto de cada e-mail que recebo! — disse Jack, petulante.

> **Despersonalize a mensagem, liberte-a da emoção e elabore uma resposta racional e equilibrada.**

O BlackBerry vibrou, demonstrando sua frustração.
— Não estou dizendo que você tem de dar um passo atrás e considerar sua resposta para cada e-mail, Jack. Só para aqueles que realmente provoquem uma reação e poderiam prejudicar

82 O BLACKBERRY MÁGICO

potencialmente a sua carreira se você não pensar cuidadosamente na resposta. E isso não acontece com todos os e-mails, não é?

— Não, não. Acho que você está certo. É porque sou muito ocupado, sabe?

— Eu sei. A vida hoje em dia anda muito atarefada, mas sabe o que mais? Ela ainda vai ficar cada vez mais atarefada. Não vamos nos ver livres de e-mails, celulares e mensagens de texto e voltar a usar canetas e papéis. As demandas sobre nosso tempo só aumentarão. E é por isso que você tem de saber lidar plenamente com isso, e assumir uma postura diferente. Dar um passo atrás de vez em quando lhe trará dividendos a longo prazo.

O BlackBerry tinha, de fato, um sólido argumento. Jack precisava mesmo aderir ao programa. Não apenas para salvar o emprego, mas também para preservar a sanidade. Sem falar na relação em casa com sua família.

— Ok, e depois?

— Qual você *acha* que é o terceiro estágio?

Jack remexeu em suas anotações. — Hummm....

O BlackBerry repetiu o que havia perguntado, em volume mais alto desta vez, tornando a ênfase ainda mais óbvia.

Jack finalmente compreendeu, e revirou os olhos diante da própria estupidez. — É claro, desculpe! *Refletir*!

— Refletir, certo. Agora, obviamente, você precisa refletir sobre como vai responder, levando em consideração inúmeras coisas.

O emoticon recolheu-se para o fundo da tela e a apresentação reapareceu.

O BlackBerry continuou a lição. — Você precisa refletir sobre como vai responder, o que vai dizer, e considerar as consequências das diferentes opções de resposta. Essa palavra é realmente importante: *consequências* — o BlackBerry fez uma pausa dramática.

— Cada opção de resposta traz uma consequência. Antes de enviá-la, considere como ela poderá ser percebida por aqueles que a receberão. Por exemplo, reflita sobre o impacto que uma resposta negativa poderá ter em sua relação

84

Quais são as opções de resposta?

Que consequências poderiam estar associadas a cada uma dessas opções? Para você? Para o remetente? Para o projeto? Para qualquer pessoa envolvida?

Quão elástica é seu relacionamento com essa pessoa?

Reflita: seu relacionamento pode resistir a um desafio?

Opções **Voltar**

atual com o remetente do e-mail. Em que isso alterará a visão que ele tem a seu respeito? Isso é importante? Ou considere os efeitos de sua reputação se sua resposta for áspera e emocional. Como isso mudará a maneira pela qual você é percebido pelos outros? E quais seriam as consequências? Se as pessoas o perceberem como alguém difícil de lidar, ou beligerante, elas poderão se mostrar menos inclinadas a ajudá-lo no futuro quando *você* precisar do apoio *delas* — o BlackBerry deixou a ideia suspensa no ar, esperando que Jack a apreendesse.

— Por outro lado, dar um passo atrás e refletir também lhe dará a oportunidade para considerar as consequências que você deseja produzir através de sua resposta.

— Como isso funciona? — perguntou Jack, curioso.

— Bem, o tom da sua resposta também tem o potencial para construir uma relação mais sólida com aquela pessoa, deixando claro que entendeu suas necessidades e que está disposto a apoiá-la. É uma oportunidade de mostrar que você está trabalhando *com* ela, e não *contra* ela. Você tem esse poder na ponta de seus dedos, quase que literalmente; portanto, pense sobre como poderia impactar positivamente sua relação e reforçar sua reputação com essa pessoa através de sua resposta.

Jack sentou-se e pensou na sugestão do BlackBerry. Fazia sentido. Ele sempre via esses e-mails sob uma perspectiva puramente negativa, mas, de fato, havia também algumas oportunidades realmente positivas ali. Se administradas corretamente, elas poderiam funcionar a seu favor.

— Refletir sobre as consequências antes de agir, Jack, é uma das habilidades mais importantes que você pode utilizar no trabalho. Se conseguir fazer isso, poderá desenvolver relações mais fortes, promovendo e contribuindo para resultados positivos, e também ser capaz de administrar as políticas da companhia.

— Um modelo tão simples, com um efeito realmente poderoso — Jack meditou. Ele reconheceu que se tratava de um grande negócio, e, mesmo que ainda não houvessem discutido todos os quatro estágios mencionados pelo BlackBerry, o chefe de operações já podia perceber que essa ideia tinha um significativo potencial a ser explorado.

> **Reflita sobre as consequências antes de agir. Se conseguir fazer isso, poderá desenvolver relações mais fortes, promovendo e contribuindo para resultados positivos, e também ser capaz de administrar as políticas da empresa.**

— Claro que sim, mas, como qualquer outra coisa, é preciso disciplina para mudar seus velhos hábitos.

— Bem, conversamos sobre a importância de *parar* quando você ler pela primeira vez um e-mail, de dar um passo atrás para considerar a perspectiva e o ponto de vista do remetente, e então *refletir* sobre sua resposta; particularmente, sobre a importância das potenciais consequências de suas ações. Você provavelmente deve ter percebido que 80% deste simples modelo de quatro estágios refere-se, na verdade, a *não* fazer nada. Para alguém cuja tendência natural é disparar uma resposta imediata, sei que vai ser difícil para você, Jack. Mas, considere o tempo que gastará com os três primeiros estágios como um investimento — uma preparação, vamos dizer assim, para o evento principal: a resposta!

> **80% deste simples modelo de quatro estágios refere-se, na verdade, a não fazer nada.**

Jack refletiu por um tempo. Ele já tinha ouvido falar várias vezes da importância da preparação. Entretanto, de alguma maneira, ao longo dos anos, e sob a pressão de um cronograma cada vez mais apertado, esse conselho básico ficou esquecido em algum canto de sua mente. Estar preparado era um conselho simples e eficaz, então por que ele não fazia isso? Não havia desculpas, e isso o frustrava.

Jack sorriu. — Então, o que mais preciso saber?

O emoticon sorriu de volta. Ele gostava quando seus alunos começavam a exigir que ele demonstrasse a sua sabedoria, era um indicador de que haviam sido fisgados, de que estavam prontos para fazer uma mudança em suas abordagens.

— Bem, o último estágio é quando toda a sua preparação é recompensada. Como você já deu um passo atrás e considerou todas as outras coisas boas sobre as quais falamos, sua resposta racional e desprovida de emoção deve estar totalmente esquematizada.

— Espero sinceramente que sim! — brincou Jack.

— O importante é certificar-se de que você está respondendo com decência, dignidade, respeito e profissionalismo. Lembre-se de que a sua resposta representa quem você é e como você trabalha, portanto, o seu desejo é que ela signifique um crédito a seu favor. A regra de ouro que eu gostaria que as pessoas percebessem é essa: nunca escreva nada que não diria pessoalmente. Se viver sob este princípio, não irá se equivocar muito.

— Parece um critério útil.

— Você pode pensar assim agora, mas não viveu desta forma até aqui, viveu, Jack? Quero dizer, em alguns daqueles e-mails que você enviou? Nossa! Grosseria!

> **Nunca escreva nada que não diria pessoalmente.**

> **Sua resposta representa quem você é e como você trabalha, certifique-se de que está respondendo com decência, dignidade, respeito e profissionalismo.**

Jack balançou sua cabeça, visivelmente envergonhado.

— Pelo fato de não gostar de confrontos, você me usou como escudo e retrucou por e-mail coisas que nunca ousaria dizer pessoalmente. Mas isso só tornou as coisas piores. Você confiou na palavra escrita e em palavras rudes e emocionais até esse momento; sem nenhuma entonação de voz ou linguagem corporal que teria utilizado em uma situação presencial, é lógico que as pessoas interpretaram seus e-mails de todas as formas possíveis. A maior parte destas interpretações, infelizmente, foi negativa, e causou danos à sua reputação.

O BlackBerry permitiu que Jack refletisse por um momento antes de continuar.

— Então, pergunte-se a si mesmo se o e-mail é a maneira mais eficaz de lidar ou resolver uma questão. Aprenda a identificar os sentimentos de frustração. Quando você sentir que essa emoção está te dominando, reconheça-a como um sinal de que usar o e-mail como resposta não é a opção correta a seguir. Ao contrário, pare, dê um passo para trás, reflita e

92 O BLACKBERRY MÁGICO

considere a resposta. E pense nisso: só porque uma conversa começa por e-mail, isso não significa que tem de continuar por e-mail. Os e-mails são muito parciais. Por que não pegar o telefone e dar continuidade ao assunto? Ou, melhor ainda, encontre-se com o remetente pessoalmente, permita--se utilizar todas essas outras possibilidades de comunicação para além do e-mail. Uma conversa ao vivo o impedirá de dizer alguma coisa muito emocional e inadequada, e permitirá que você *realmente* discuta o assunto em questão. E, nunca se sabe, você também poderá aprender algo novo.

> **Só porque uma conversa começa por e-mail, isso não significa que tem de continuar por e-mail.**

— Certo, então devo usar minhas emoções como uma espécie de barômetro? Não devo responder imediatamente, mas parar e refletir sobre como devo responder?

> Use suas emoções como uma espécie de barômetro: se você se sentir frustrado, permita-se perceber que uma resposta por e-mail não é a opção correta de comunicação.

O emoticon sorriu. — É exatamente isso que estou dizendo, avalie profundamente as suas reações emocionais e interprete-as para educar as suas respostas.

Isso fazia todo o sentido para Jack. Ele sabia muito bem como se sentia quando lia um e-mail que o contrariava. A constatação de que poderia usar aquela emoção para resultados mais positivos era uma revelação animadora. Isso realmente parecia um progresso, no sentido de deixar sua antiga postura para trás.

— Agora, é claro, isso não significa que você nunca possa enviar e-mails — assinalou o BlackBerry. — Os e-mails são uma parte integral da vida de trabalho nos dias de hoje, mas pense apenas em *como* vai usá-los. Conheço algumas regras de ouro que talvez você queira adotar.

O emoticon deixou que o slideshow aparecesse novamente na tela, e a lição do BlackBerry continuou.

Os relacionamentos levam o mundo adiante. Se puder se encontrar com alguém pessoalmente para discutir um assunto em vez de enviar um e-mail, então faça isso. Você fortalecerá a relação com aquela pessoa e poderá, inclusive, aprender alguma coisa nova no processo.

A rede tem "olhos". Nunca coloque nada no seu e-mail que não diria ao vivo. Se você não diria aquilo, não escreva.

Lembre-se de que os e-mails podem ser facilmente reencaminhados para qualquer pessoa no mundo com apenas um clique do mouse. Reduza seus destinatários a um número mínimo, e somente copie aqueles que são necessários.

Nunca use Cco (com cópia oculta). Você só precisaria do Cco se estivesse fazendo algo clandestino. E por que você faria isso?

Se uma troca de e-mails estiver se tornando mais tensa, ou se a lista de Cc continuar aumentando a cada resposta, aja com responsabilidade e combine uma conversa pessoal para resolver a questão. Faça com que este e-mail seja sua resposta final.

O silêncio é ouro. Algumas vezes, dizer nada significa dizer tudo.

Resista à inutilidade de ter a última palavra. Seja maior do que isso, deixe para lá.

Opções **Voltar**

Jack fez algumas anotações.

Isso parece um ótimo conselho.

Exatamente naquele momento, sua caixa de entrada acusou o recebimento de um e-mail. O emoticon recolheu-se para o canto da tela e o BlackBerry exibiu imediatamente o e-mail, enviado por Jason.

Jase
15 de janeiro de 2010 14:30

Oi Jack

Precisarei estar fora do escritório amanhã, apareceu um compromisso e terei que ir a Atlanta com nosso diretor geral para verificar alguns horários de decolagem que poderão ser disponibilizados em breve. Não temos tempo a perder na elaboração do orçamento para a nova estratégia da diretoria, então pensei em lhe passar algumas ideias sobre o que preciso que você faça, e espero que você possa ir adiantando. Dê uma olhada na folha de cálculo anexa, destaquei alguns impactos da nova estratégia da diretoria no seu rascunho anterior. Você poderia consultar a Boeing sobre o teste de som das cabines "à prova de crianças": o efeito que a instalação pode ter no peso da aeronave, o consumo de combustível e quais as opções de preço. Isso poderia nos render um grande impulso no mercado, e a sua ajuda é fundamental. A única coisa é essa: preciso de tudo até terça-feira, já que a diretoria pretende discutir tendo uma visão geral do caso para que possa tomar suas decisões finais, e por isso não temos tanto tempo assim.

Deixo em suas mãos, Jack, sei que você vai dar conta.

Obrigado, cara.

Jase 😊

Opções   **Voltar**

98 O BLACKBERRY MÁGICO

Jack terminou de ler o e-mail e olhou para o teto, suspirando profundamente. Ele sentiu que estava ficando irritado à medida que percebia a complexidade do que Jason estava pedindo, e em um espaço tão curto de tempo. Não era nada menos do que uma tarefa hercúlea...

— Isso é ridículo — disse Jack em voz alta, quase gritando. — Quem ele pensa que é? Dar um pulo em Atlanta para uma reunião enquanto me deixa sozinho para organizar isso tudo. Ele sabe que há poucas pessoas na minha equipe!

Em poucos minutos, Jack já estava completamente furioso.

Ele agarrou firmemente o BlackBerry e tocou a tela com o dedo indicador para selecionar "Responder", e praticamente sem pensar duas vezes, começou a despejar sua ressentida resposta no pequeno teclado.

Não tardou muito para que o emoticon do BlackBerry desse uma pancadinha na tela, em uma tentativa de chamar a atenção de Jack.

— Ei, alô, bonitão? — disse o emoticon, golpeando a tela com uma agressividade cada vez maior. Jack parecia estar em uma espécie de transe, tão concentrado que estava em redigir a resposta ao chefe.

— Sim? Que foi?

— Você não ouviu *nada* do que acabei de dizer? — retorquiu o BlackBerry, com incredulidade.

— Sim, sim, é claro que ouvi — respondeu Jack desdenhando — mas o que o Jason está pedindo é ridículo, e simplesmente não pode ser feito, ele quer uma revisão estratégica completa do orçamento em apenas quatro dias! Quatro dias! Isso é loucura!

— Bem, ele obviamente pensa que isso pode ser feito, e foi por isso que ele te pediu para fazer — respondeu o BlackBerry, ignorando a óbvia emoção na voz de Jack.

— Acho que sim, mas, caramba, como ele espera que eu faça isso?

O BlackBerry falou lenta e vagarosamente: — No fim das contas, você está aqui para desempenhar um papel, e deixando de lado o modo como você pode se sentir a respeito do prazo, o que Jason te pediu é que desempenhe esse papel. Ficar com raiva e enviar uma resposta irritadiça não vai ajudar nenhum dos dois, e, na verdade, a única pessoa que vai sofrer será você, Jack.

— Como assim?

— Bem, vamos ser francos — continuou o BlackBerry.

— Sabemos que Jason já te considera como uma pessoa de pavio curto, eventualmente difícil de lidar. Se você, de fato, enviar este e-mail agressivo que está redigindo, isso não servirá para nada, a não ser para reforçar a avaliação já negativa que ele tem a seu respeito. E isso não fará bem algum para essa relação, nem para sua carreira.

Jack refletiu por um momento.

— Humm, não pensei dessa forma, só queria que ele soubesse como me senti. Minha mãe sempre me ensinou que a honestidade era a melhor política.

O BlackBerry riu tão alto que fez a mão de Jack balançar.

— Ah, cara, essa é boa! Putz, gostei! Gostei. Você conta piada muito bem!

Jack ficou completamente pasmo, olhando para a tela enquanto o emoticon se recompunha, secando uma lágrima que saía de seus olhos.

— Ah, você me mata, Jacky, você me mata — ele gargalhou. — A honestidade é a melhor política? Você pensa que estamos falando de quê? Dos escoteiros? Agora você está trabalhando, você é um adulto, Jack!

— Não entendo — disse Jack, emburrado.

— Olhe, o conselho da sua mãe é válido, mas, às vezes, no ambiente de trabalho, é preciso pensar de modo um tanto diferente sobre como se interage com os outros. Lembra-se de nossa conversa sobre as consequências? Tudo o que você diz e faz no trabalho tem consequências. Sua reputação é essencial no trabalho, particularmente se você trabalha em uma equipe tão coesa como é o seu caso na Soar. Você precisa proteger os seus relacionamentos, eles são a sua moeda no trabalho.

— O que você quer dizer com *moeda*? — perguntou Jack, demonstrando um interesse especial pelo que seu treinador eletrônico estava lhe explicando. Ele nunca tinha ouvido alguém se referir ao trabalho daquela forma.

— Deixe-me explicar. Quando se trabalha em uma equipe coesa como a sua, habilidades como trabalho em equipe e espírito de colaboração realmente são importantes, fazer com que um avião levante do solo é realmente um esforço de equipe, certo?

— Ah, sim, claro, sem a ajuda coletiva dos agentes de check-in, dos controladores de bagagem, dos fornecedores de alimentação e da tripulação, levaríamos duas vezes mais tempo para colocar um avião no ar, e cumprir o cronograma seria praticamente impossível.

— Certo, bem, com que frequência você observa as pessoas fazendo mais do que se espera delas, aceitando tarefas não compreendidas no perfil de seus cargos?

Jack riu. — Ah, nossa, o tempo todo, mas nem tenho certeza se temos um perfil de cargo!

— Certo, então você esperaria que as pessoas, algumas vezes, possam ir muito além das expectativas de seus papéis, e eu também imaginaria que vocês fazem "favores" uns aos outros o tempo todo, só para que as coisas continuem andando?

— Ah, sim, claro, o tempo todo.

O BlackBerry fez uma pequena pausa, dando a Jack um momento para estabelecer a ligação com as solicitações aparentemente impossíveis que Jason havia feito em seu último e-mail.

— Bem, é isso que Jason está esperando de você. Ele espera que você entenda a importância estratégica do que está lhe pedindo, e espera que você se esforce ao máximo para fazer com que isso aconteça. As relações que você construiu com todos os seus colaboradores ao longo do tempo, e os extremos aos quais eles chegarão para ajudá-lo, essa boa vontade, *isso é* a sua moeda no trabalho. É isso que você gasta quando lhes pede favores e lhes solicita que estejam dispostos a ir além por sua causa.

Finalmente, Jack teve um momento de "eureca". — Ahh, estou entendendo — era como se uma lâmpada tivesse acendido sobre a sua cabeça.

104 O BLACKBERRY MÁGICO

O BlackBerry continuou a lição. — Então, se ele está lhe pedindo que avance esta milha a mais, um "favor", se preferir, como acha que ele reagirá se você enviar um de seus e-mails emocionalmente carregados? Um daqueles e-mails ressentidos e honestos, mas que o definem como alguém que é um copo meio vazio, em vez de um copo meio cheio; como alguém que vê problemas em vez de soluções, como alguém que não está defendendo os objetivos estratégicos da companhia, alguém que não joga no mesmo time?

Jack afundou-se em sua cadeira de couro, que rangeu um pouco conforme reclinava lentamente. — A maneira que você descreve... não parece boa. Nunca considerei, nem uma vez sequer, que meus e-mails poderiam estar destruindo gradualmente meu relacionamento com o Jason. Ele é meu chefe, não quero ter uma relação ruim com ele.

— Bem, Jack, a julgar por alguns dos e-mails que você enviou recentemente, você não estava pensando realmente dessa forma.

Jack pareceu desanimado.

— Não se trata de algo instantâneo, da mesma forma que construir uma relação custa um tempo, também custa um tempo para destruí-la. Mas, um tempo significativamente *menor*. E acho que *talvez* tenhamos tempo suficiente para conseguir recuperar sua relação com o Jason antes que ela atinja esse ponto máximo e se torne irrecuperável. Ele está fazendo uma solicitação extremamente importante, e essa poderá ser sua grande chance de demonstrar apoio, honrar o compromisso, e dar um grande passo para reparar quaisquer danos causados a essa relação.

Jack reanimou-se. — Você realmente acha isso?

— Eu *sei* disso — disse o BlackBerry, com confiança.

— Deixe eu lhe mostrar uma coisa.

De uma hora para a outra, uma espécie de quadro-negro apareceu na tela.

O emoticon surgiu logo depois, usando um chapéu de formatura, óculos em formato de lua e um bigode negro razoavelmente bem aparado.

— Agora, jovem mestre Jack, preste atenção. Deixe-me apresentá-lo a uma das lições mais fundamentais e mais importantes que você precisa aprender para navegar com sucesso no ambiente de trabalho contemporâneo — Jack podia perceber que seu amigo eletrônico havia adotado um refinado sotaque inglês para completar a personagem de professor que estava nitidamente tentando criar.

O emoticon virou-se de costas e rabiscou algumas coisas de modo um tanto frenético antes de voltar a olhar para a tela, encobrindo temporariamente o quadro-negro.

— Assim como em qualquer outro tipo de relacionamento, os primeiros estágios de seu relacionamento com o seu chefe são realmente importantes. O modo como você estabelece esse relacionamento, e como se comporta nos estágios relativamente iniciais é que vai determinar as suas bases. Então, você desejará que elas sejam sólidas, não é?

— Sim — respondeu Jack. — Queremos construir nossa casa sobre a pedra, um lugar bom e firme, e não sobre a areia.

— Certo. Então, presumindo que você já tenha estabelecido um bom relacionamento no começo, e cometa eventualmente alguma besteira, conseguirá superar isso rapidamente, considerando toda a história positiva que já construiu, não é? Se, por outro lado, você não tiver essa base sólida e alguma coisa mais grave acontecer, então isso poderá realmente acelerar a deterioração de seu relacionamento.

— Isso faz sentido — disse Jack, com otimismo.

— Vou lhe explicar algo muito simples, mas muito eficaz. É a noção de *elasticidade nos relacionamentos*. O BlackBerry fez uma pequena pausa para que Jack absorvesse essa nova informação.

— Vou lhe ensinar uma maneira diferente de encarar os relacionamentos. Em vez de pensar em seus relacionamentos como algo estático, pense neles como algo elástico, fluido, flexível. O montante de *flexibilidade* em seu relacionamento com alguém dependerá de inúmeras coisas: primeiro, da história prévia que você tem com aquela pessoa; segundo, do *status* atual desta relação; e terceiro, há quanto tempo você a conhece ou trabalha com ela.

Jack havia colocado o BlackBerry na sua mesa e fazia anotações impacientemente.

> **Considere a noção de elasticidade nos relacionamentos:**
> **O montante de *flexibilidade* em seu relacionamento com alguém dependerá de inúmeras coisas:**
> **1) a história prévia que você tem com aquela pessoa; 2) o *status* atual desta relação; e 3) há quanto tempo você a conhece ou trabalha com ela.**

O BlackBerry prosseguiu. — Ok, então você começa a trabalhar com alguém, essa pessoa não sabe quem você é, e você tampouco sabe quem ela é. Vocês estão se conhecendo, tentando descobrir como cada um funciona. Cada um de nós traz um conjunto pessoal de "regras" e "valores" em nossas mentes sobre como trabalhar com alguém, e em cada interação dessa nova relação vamos continuamente situando aquela pessoa dentro de tais expectativas invisíveis, mas que, geralmente, são bastante arraigadas. Tudo bem até aqui? —, perguntou o BlackBerry, para assegurar-se de que Jack estava acompanhando.

— Aham, até aqui tudo bem.

— Ok, quando você começou a trabalhar com Jason, a cada vez que se falaram, se reuniram, se encontraram, trocaram e-mails ou bateram papo, ele foi recolhendo informações a seu respeito, por meio das quais conseguiu construir uma imagem do seu estilo de trabalho e de suas atitudes, suas preferências e antipatias, assim como as coisas que o estimulam ou frustram. Esse, meu amigo, é o modo pelo qual os relacionamentos são construídos. A mesma coisa é válida, evidentemente, no sentido

110 O BLACKBERRY MÁGICO

inverso, cada uma destas interações possibilitou que você também formasse uma opinião pessoal a respeito dele. Parte disso é consciente, mas, a menos que você tenha tempo para sentar e analisar cada interação que tiver com alguém, a maior parte desse processo se dará no nível inconsciente. A impressão que você forma desta pessoa está sendo construída de modo contínuo em sua mente, e vai se infiltrar pelo seu comportamento e suas respostas, algumas vezes até mesmo sem você se dar conta.

— Deixe-me te mostrar o que quero dizer. — O emoticon saiu da frente do quadro-negro, permitindo que os rabiscos se ampliassem até que Jack pudesse visualizá-los na tela. Embora o emoticon tivesse desaparecido de vista, Jack ainda podia ouvi-lo através do alto-falante.

O que o BlackBerry havia escrito no quadro-negro parecia um simples gráfico com dois eixos. O eixo da esquerda estava definido como "Número de interações positivas ao longo do tempo", e o outro como "Impacto de uma interação negativa". A julgar pelas inscrições de Baixo/Alto em cada um dos eixos, parecia que ambas tinham uma relação inversamente proporcional.

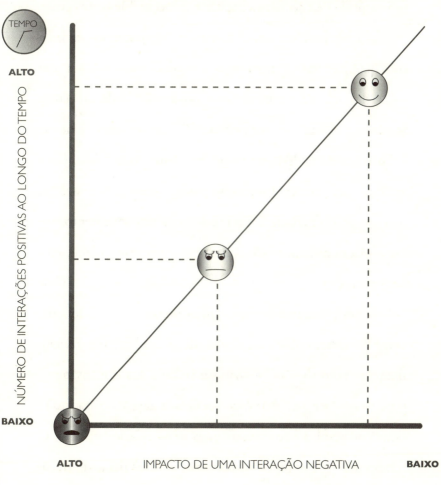

O gráfico estava em branco, a não ser pelo nome em cada um dos eixos e suas respectivas inscrições. Jack sentiu que uma espécie de aula estava prestes a começar. Ele estava certo.

— Sabe, Jack, seu relacionamento com Jason, na verdade, com qualquer um — mas vamos nos concentrar em Jason aqui —, é flexível. Você conhece o velho ditado "cada um colhe aquilo que planta"? — perguntou o BlackBerry, retoricamente.

— Bem, nada poderia ser mais verdadeiro do que isso. Cada vez que você tem uma interação positiva com Jason, você ganha um pouco mais de flexibilidade nesse relacionamento.

— O quê? Como um elástico? — perguntou Jack, inocentemente.

— Sim, exatamente isso, então pense nas suas relações como se fossem elásticos, depois de flexibilizar um relacionamento com alguém, ele não vai voltar à sua dimensão original, a não ser que algum de vocês faça alguma coisa muito grave, ou resolva não investir mais nesse relacionamento. O tempo tem um impacto importante, se você parar de trabalhar com o Jason, por exemplo, seu relacionamento com ele vai começar a perder a flexibilidade ao longo do tempo, já que vocês não estarão mais trabalhando juntos. Você terá de confiar, assim, na flexibilidade que desenvolveram no passado, que pode apodrecer, exatamente como acontece com aquele elástico de borracha à medida que o tempo passa.

— A flexibilidade é o que faz seus relacionamentos irem além do sentido prático de apenas executar tarefas; ela ajuda os relacionamentos a entrar no território pessoal. Ser maleável te traz flexibilidade, permite intercâmbios e é um indicador de um ótimo relacionamento, mutuamente respeitoso. A maleabilidade os capacita a trabalhar juntos como pessoas, em vez de meros colegas — a conexão e o respeito adquiridos em um relacionamento cuja história é positiva.

> **Ser maleável lhe traz flexibilidade, permite intercâmbios e é um indicador de um ótimo relacionamento, mutuamente respeitoso.**

114 O BLACKBERRY MÁGICO

— Você perceberá que este gráfico conta essa história. O eixo da esquerda mede o número de interações positivas ao longo do tempo, e quanto mais interações positivas você tiver, mais alto estará neste eixo. Inversamente, o eixo oposto mede o impacto de uma única interação negativa.

— Ok, entendi. Mas o que significa a linha do meio?

O emoticon, aparentemente deleitando-se em sua personagem de professor, ficou ao lado do gráfico e começou a acompanhar a linha central com sua grande vareta, batendo-a autoritariamente ao alcançar a outra extremidade da linha.

— A linha do meio responde pelo relacionamento entre as duas partes, olha aqui como funciona. Vamos continuar usando Jason como exemplo. Quando você começou a trabalhar com ele, vocês não tinham história alguma, e cada interação contribuiu para que cada um de vocês entendesse quem vocês são e como gostam de trabalhar. Então, depois de mais ou menos um mês, vamos dizer que você já havia subido ¼ no eixo da esquerda, que mede o número de interações positivas ao longo do tempo. Agora, acompanhe a linha — continuou o BlackBerry, fazendo exatamente isso com sua vareta — até atingir a linha divisória que corta o meio do gráfico. A partir desse ponto em que você atingiu a linha, trace uma linha imaginária até o eixo inferior, que mede o impacto de uma interação negativa.

O BlackBerry deslocou a vareta para aquele ponto final.

— Então, neste estágio quase primitivo de seu novo relacionamento com Jason, e tendo vivenciado poucas interações positivas, seu relacionamento com ele é praticamente *ine*lástico. Se, nessa hora, você tivesse lhe enviado um daqueles seus e-mails escritos "no calor do momento", isso causaria um efeito prejudicial ao relacionamento, já que, em um estágio tão inicial, esse tipo de reação emocional e amadora teria representado um revés bastante significativo para o progresso do relacionamento.

— Ah, ok, entendi, ele não me conhece muito bem, então se o pouco que ele souber for negativo, ele vai me avaliar de um modo negativo, e isso impedirá nossa relação de trabalho? — quis saber Jack.

116 O BLACKBERRY MÁGICO

— Sim, exatamente isso, por outro lado, se você imaginar que ao longo do tempo sua relação se desenvolveu de modo mais positivo, subindo um pouco mais no eixo da esquerda, e quisesse traçar, então, uma linha imaginária até a linha divisória, e novamente para o eixo inferior onde se mede o impacto, você perceberia que o impacto de uma interação desfavorável diminuiria consideravelmente. A flexibilidade que você conquistou minimiza o impacto de uma situação eventualmente negativa.

Jack se reanimou, colocou seu notepad de lado, endireitou-se em sua cadeira de couro e falou entusiasmado junto ao alto-falante do BlackBerry. — Certo, entendi. Então quanto mais interações positivas eu tiver, isso aumentará a flexibilidade do meu relacionamento. É como se eu praticamente *ganhasse* flexibilidade. E, quanto mais flexível for o meu relacionamento com Jason, menor será o impacto em nosso relacionamento, se, vamos dizer, em um momento de loucura eu lhe enviar um e-mail emocional ou tivermos uma discussão acalorada.

O BlackBerry vibrou com excitação. — Você entendeu. A elasticidade do seu relacionamento age como um amortece-

dor, se quiser colocar nestes termos. Ela protege seu relacionamento do impacto, e permite que você se recupere destas
pequenas adversidades com as quais irá se deparar inevitavel-
mente ao longo do caminho.

Jack sentou-se em silêncio e contemplou o que havia acabado de aprender.

> **A elasticidade do seu relacionamento age como um amortecedor, se quiser colocar nestes termos. Ela protege seu relacionamento do impacto, e permite que você se recupere destas pequenas adversidades com as quais irá se deparar inevitavelmente ao longo do caminho.**

— Isso faz todo o sentido — disse Jack, finalmente. —
Nunca pensei em nosso relacionamento nestes termos antes.
Bem, na verdade, em *qualquer* relacionamento.

— Poucas pessoas fazem isso. É muito simples, mas é um conceito absolutamente fundamental e extremamente poderoso.

— E isso funciona em qualquer relacionamento? — perguntou Jack, confuso.

— Certamente. Vamos tomar como exemplo seu relacionamento com sua esposa, Anna. — Jack interrompeu o BlackBerry no meio de sua fala.

— Espere um minuto, como você sabe sobre Anna?

— Ei, como eu disse, não ando por aí com meus olhos e ouvidos fechados, como alguns camaradas, para aonde quer que eu vá, vou com tudo! De qualquer maneira, vamos dar uma olhada em você e na Anna. Vocês estão juntos há bastante tempo, não é? Não acha que a noção de elasticidade no relacionamento também se aplicaria ao seu relacionamento com ela?

Jack deu uma olhada no diagrama que havia rascunhado no papel à sua frente. O BlackBerry tinha razão. Nas raras ocasiões em que ele e Anna haviam tido um desentendimento, o casal trabalhou o assunto, e seu relacionamento saiu praticamente ileso. Além disso, é assim que os casais funcionam, eles têm desentendimentos. Exceto por alguma coisa muito grave (algumas reclamações sobre o fato de que Jack havia se esquecido de pegar o leite no supermercado não eram motivo suficiente para o divórcio), seria uma pequena falha técnica, logo resolvida para que eles pudessem seguir adiante. A história de seu relacionamento e o fato de que haviam tido muito mais interações positivas do que negativas lhes possibilitava um tipo de flexibilidade a partir da qual podiam se recuperar e manter as coisas progredindo. Com o nível de flexibilidade que Jack e Anna haviam construído ao longo do tempo, seria necessário algo bastante grave para que os dois realmente rompessem. O BlackBerry estava absolutamente correto.

— Sim, você me convenceu. Isso é muito simples e muito eficaz. Portanto, preciso conquistar a *elasticidade* do meu relacionamento com Jason, e ter isso em mente quando tiver uma interação que seja um pouco mais difícil. Terei, então, uma escolha: considerar o quão elástica é nosso relacionamento e, se as coisas estiverem indo bem, arriscar usar um pouco dessa elasticidade para pressioná-lo ou defender um ponto de vista. Caso contrário, preciso proceder com cautela, porque desafiá-lo quando nosso relacionamento não tem flexibilidade suficiente para suportar o desafio poderá ser potencialmente prejudicial ao relacionamento.

O BlackBerry se desfez de seu papel de professor à moda de Dicksen, e, colocando um monóculo, olhou diretamente para Jack. — Caramba!, acho que ele entendeu! — ele exclamou, com um afiado sotaque inglês.

Jack riu.

— E, veja — continuou o BlackBerry — você também tem de considerar a última vez que utilizou a elasticidade em seu relacionamento com Jason, para se certificar de que não haja muitas conversas consecutivas que dependam da elasticidade. A chave aqui é construir a elasticidade para um dia tempestuoso, porque é quando você mais vai precisar dela. Seja, verdadeiramente, seletivo.

— Então, o grau do meu relacionamento com Jason, e, aliás, com qualquer outra pessoa, precisa mesmo estar na minha mente sempre que eu tiver uma interação?

— Sim, claro — respondeu o BlackBerry — nesses momentos, você tem sempre que pensar, "vale a pena?". Considere se é a hora de engajá-los em um debate construtivo, ou desafiá-los, ou, até mesmo, se queixar. Mas você vai querer manter essa última possibilidade reduzida a um mínimo possível. Você precisa de uma forte reputação e de um relacionamento *extremamente* elástico para sobreviver às queixas!

Jack estava sorrindo. — Sabe — ele disse — eu realmente gostaria de ter aprendido isso quando comecei. Olho para trás agora e vejo todas as oportunidades que desperdicei, quase inconscientemente, deixando que minhas emoções governassem minha comunicação e meu relacionamento com as pessoas — Jack parecia arrependido.

— Imagino — acrescentou o BlackBerry, com simpatia.

— Mas, sabe, a emoção é boa, de um modo geral, ela quase não existe no mundo dos negócios. As pessoas esquecem que por trás dos títulos, dos ternos e dos uniformes existe um ser humano, com as mesmas necessidades de aceitação, conexão e amizade que todos nós temos. A emoção é realmente uma parte crucial da comunicação eficaz, desde que você a mantenha controlada, e a utilize somente quando estiver plenamente seguro de que ela vai funcionar *com* você, e não *contra* você.

Jack fez uma pequena pausa e então pegou novamente seu BlackBerry.

— Bem, acho que tenho que voltar ao Jason, não é? — ele disse, com uma positividade na voz que já lhe faltava há algum tempo.

O emoticon deu uma piscadela de apoio e minimizou-se para o canto da tela, exibindo a caixa de entrada de e-mail à sua frente, e permitindo que Jack redigisse a resposta.

> **As pessoas esquecem que por trás dos títulos, dos ternos e dos uniformes existe um ser humano, com as mesmas necessidades de aceitação, conexão e amizade que todos nós temos.**

Jack
15 de janeiro de 2010 16:00

Jason,

Obrigado pelo e-mail. Espero que esteja indo tudo bem em Atlanta. Seria ótimo se pudéssemos conseguir alguns horários de decolagem adicionais, essa rota seria muito vantajosa para nós.

Parece que a diretoria está realmente interessada em avaliar os custos de suas novas ideias estratégicas, portanto vou começar a trabalhar nisso imediatamente. Obrigado pela folha de cálculo, dou valor ao tempo que você gastou para prepará-la, e farei com que a equipe a utilize como ponto de partida. Vamos entrar em contato com todas as partes necessárias, internas e externas, para ter noção do panorama geral.

Tenho certeza de que você tem consciência de que concluir tudo até terça-feira é uma tarefa árdua, mas entendo como isso é importante, e portanto vamos nos esforçar ao máximo para garantir um primeiro esboço até lá, para que você possa utilizá-lo em sua próxima reunião com a diretoria. Estaremos aptos a agir com rapidez em relação às mudanças, após a reunião.

Se alguma outra coisa relacionada a isso aparecer antes de terça-feira, mande-me um e-mail. ;)

Abraços,

Jack

Opções   **Voltar**

Depois de revisar, Jack clicou em "Enviar", e o e-mail seguiu seu destino.

Logo depois, a face sorridente do emoticon preencheu a tela. O simples sinal de positivo com o polegar e uma sincera piscadela diziam tudo.

No dia seguinte, Jack colocou sua equipe

para trabalhar, coletando informações, calculando os índices e reelaborando as folhas de cálculo que Jason precisava para sua próxima reunião com a diretoria. Geralmente, o escritório seria tomado por uma atmosfera tensa e opressora nesses momentos de urgência que exigiam trabalho redobrado, mas Jack parecia estar lidando com isso de maneira diferente desta vez.

Naquela manhã, assim que a equipe chegara ao escritório, ele reuniu todos os funcionários e explicou rapidamente a solicitação de Jason. Ao contrário de ocasiões anteriores e semelhantes a essa, sua breve exposição não estava permeada por ressentimento nem raiva. Ele entendia agora a importância do que estava sendo pedido para o panorama geral, e compartilhou isso com o resto da equipe, para que todos também compreendessem. Eles entenderam como era importante para a companhia levar adiante aquela gigantesca tarefa, e o chamado estimulante e contagioso de Jack para a ação os motivou a realizá-la de bom grado.

A mudança na postura de Jack não estava passando despercebida por sua equipe.

Alguns dias depois de esmiuçar alucinadamente os cálculos, a tarefa estava concluída. O impecável trabalho de equipe de cada um deles, depois de longas e dolorosas horas para alguns, significava que Jack atingira o prazo que inicialmente havia achado impossível de cumprir. Ele sentiu que havia alcançado um nível de compreensão que não possuía antes. Estava fazendo as coisas de maneira diferente, e por uma razão diferente. Percebeu que o que Jason lhe solicitara era realmente importante e altamente valoroso. Não se tratava apenas de "trabalho". Ao contrário, aquele pedido representava uma oportunidade concreta para que Jack reparasse alguns dos prejuízos causados nos últimos tempos com seus e-mails violentos e furiosos, e conquistasse alguma

flexibilidade significativa em seu relacionamento com Jason. E, da mesma forma, desse uma contribuição sólida ao sucesso futuro da companhia.

Orgulhoso, Jack reuniu todas as informações em um e-mail e as enviou para Jason, com um texto curto e afirmativo. Ao verificar seu e-mail em casa naquela noite, ele ficou satisfeito com a resposta de seu chefe.

Jase
19 de janeiro de 2010 19:45

Jack,

E aí, rapaz, você fez um trabalho incrível com esse orçamento. Estou impressionado como você e sua equipe conseguiram aprontá-lo em tão pouco tempo. Que equipe! As coisas estão indo bem aqui em Atlanta, e estamos voltando para casa agora, a tempo de chegar para a reunião com a diretoria, amanhã à tarde. Vou dar um pulo aí e analisar estes números com você pela manhã, na verdade, que tal um café e um doughnut no Krispy Kreme do terminal 2? Que tal às 8h30? Vejo você lá, cara, e obrigado mais uma vez!

Abraços,

Jason

Opções   Voltar

Sentado no escritório de sua casa, Jack sorriu para si mesmo ao desligar o BlackBerry. Conforme a tela se escurecia, ele reagiu lentamente. Será que ele realmente havia ouvido uma vozinha sussurrar "muito bem" assim que o BlackBerry foi desligado?

Jack estava no céu. Voltando animado ao escritório, com uma genuína energia que não sentia há muito tempo, ele colocou seu *vanilla latte* sobre a mesa, seguido por duas dúzias de doughnuts que Jason havia lhe dado para entregar à equipe como forma de agradecimento, e esparramou-se em sua cadeira.

— Ei, isso foi muito bom! — ouviu-se uma voz, vinda aparentemente de lugar nenhum.

Sorrindo, Jack alcançou o bolso superior de seu paletó e retirou o BlackBerry. Ele deixou a capa de couro sobre a mesa e foi saudado por um emoticon amarelo e sorridente, que brilhou para ele e ocupou toda a tela com seu sorriso amplo, radiante e cheio de dentes.

132 O BLACKBERRY MÁGICO

— Não me diga. Você escutou tudo isso?

— É claro! Olhos e ouvidos, lembra? — gracejou o BlackBerry.

— Sim, isso mesmo. Bem, Jason parecia bastante satisfeito!

— Eu diria que ele ficou mais do que satisfeito. Você realmente o surpreendeu. Pode-se dizer isso pelo e-mail que ele lhe enviou na última noite, ele não esperava que você fizesse um trabalho tão bom e sem qualquer estardalhaço, mas você realmente o surpreendeu!

— Sim, também senti isso. Ele nunca havia comprado duas dúzias de doughnuts para a equipe, vamos dizer assim!

— divertiu-se Jack.

— E quando ele sugeriu que novas mudanças podem acontecer depois da reunião da diretoria essa tarde, fiquei satisfeito em perceber que você resistiu à tentação de argumentar contra quaisquer mudanças futuras.

— Bem, pensei bastante sobre o que você me ensinou, as pessoas não solicitam coisas difíceis com o único objetivo de me aborrecer. Em 90% das vezes, haverá um motivo empresarial justo e válido para o que elas estão pedindo. Minha função é trabalhar com elas, e fazer a minha parte, de boa vontade. No fim das contas, é para isso que estou aqui, é como posso dar minha contribuição. Preciso controlar minha tendência a reagir e me comunicar emocionalmente, dar um passo atrás, e dar uma resposta mais equilibrada.

O BlackBerry vibrou entusiasticamente nas mãos de Jack. Ao ver o emoticon quicar de um lado para outro da tela, Jack riu.

— Putz, chegamos lá!

— Aprendi tanto! Você realmente me fez pensar sobre aquilo que faço e como faço, obrigado. Sabe, quando perdi meu BlackBerry naquela noite no restaurante mexicano, pensei que seria o fim do mundo, mas, na verdade, acabou se tornando o começo de um mundo inteiramente novo. Agora sei por que Duncan não queria abandoná-lo! Seus conselhos foram tão proveitosos, há alguma coisa mais que você possa me ensinar, meu BlackBerry mágico?

— Ah, sim — disse o BlackBerry, com uma piscadela atrevida. — Há *muito* mais coisas!

O BlackBerry mágico voltará.

AGRADECIMENTOS

Acredito que é importante reconhecer as pessoas que nos ajudaram, apoiaram e orientaram, mesmo que elas não saibam disso. Sou privilegiado por ter amigos e colegas que fazem isso o tempo todo, e quero aproveitar esta oportunidade para fazer alguns agradecimentos. Em primeiro lugar, muito obrigado a Martin Liu, meu editor, e a toda sua equipe na Marshall Cavendish. Martin me deu minha primeira chance, eu sempre serei grato, além de continuar a apoiar e defender minha carreira como escritor — este livro é prova desse apoio.

Gostaria de agradecer a uma série de pessoas cujo respaldo e estímulo (apesar das provocações ocasionais!) são extremamente importantes para mim: Struan Robertson, Greg Lowe, Richard Cleverly, Sam Allen, Camilla Arnold, Dan Collins, Sally Atkinson, Neil e Becks Hoskings, e Diana Boulter. Um obrigado especial a Martyn Wright e Richard Colgan; e também a Sue Murray por torcerem tanto por mim. Sou grato a todos aqueles que fizeram comentários sobre o livro, especialmente Dan Pink, Matthew Kelly e Rob Yeung, cujas conquistas como autores serviram como uma grande fonte de inspiração.

E a Dax, um obrigado nunca parecerá suficiente. Seu apoio e incentivo tornam tudo possível.

E finalmente, aos meus leitores: agradeço por comprar e ler este livro. Desejo-lhes todo o sucesso.

Este livro foi composto na tipologia Adobe Garamond,
em corpo 12/23, impresso em papel off-white 80g/m²,
na Markgraph.